【每天一點成功感】

拿破崙·希爾的正向思維練習

許喬安 編譯

NAPOLEON HILL

從心態轉換、行動落實到習慣優化，
打造穩健且持續前進的自我

成長不是一蹴可幾，而是每天選擇更好的自己

你想活出怎樣的人生，就從調整心態開始！

目錄

序言　點亮屬於自己的成功之路　　　　　　　　　005

第一章　開放心態，迎接改變　　　　　　　　　009

第二章　培養自律，養成好習慣　　　　　　　　041

第三章　找到熱情，點燃行動力　　　　　　　　077

第四章　發揮創意，讓問題有解方　　　　　　　109

第五章　溝通與人際連結的藝術　　　　　　　　141

第六章　克服恐懼，走向自信　　　　　　　　　171

第七章　建立生活的平衡　　　　　　　　　　　201

目錄

第八章　持續學習,打開新世界　　　229

第九章　給生活一個目標感　　　253

第十章　創造屬於自己的價值　　　275

序言
點亮屬於自己的成功之路

在這個瞬息萬變的時代，許多人每天都在追求一個問題的答案：我要如何活出更有價值的人生？面對無盡的資訊、永遠在加速的世界，我們渴望找到一條屬於自己的道路 —— 一條能在挑戰與不安中，仍能堅持前行的道路。

拿破崙·希爾，這位 20 世紀最具影響力的成功學大師，用他的一生，為我們指引了前行的方向。他在《成功定律》(*The Law of Success*)中告訴我們：「成功不是靠運氣，而是來自明確的目標、堅定的信念、持續的行動。」這本書不只是一本勵志書，而是一套能指引每個人，在任何時代都能活出自己的力量的行動指南。

然而，時代的改變，讓我們對「成功」與「價值」有了新的定義。今天的我們，或許不再只想要財富與地位的累積；我們更希望，能在生活的每一個面向 —— 工作、家庭、愛與夢想 —— 都活得真實而踏實。這本書的改編與延伸，正是為了把拿破崙·希爾的核心理念，帶進現代人的生活裡，讓它不再只是理論，而是每天都能實踐的力量。

序言　點亮屬於自己的成功之路

◎成功，不只是少數人的專利

拿破崙・希爾相信，每個人都有成功的潛能。無論你的起點在哪裡、過去經歷了什麼，人生的每一步都能重新開始。當他在書中提出「明確目標、持續行動、自我相信、積極心態」等成功法則時，他並不是在告訴我們要成為誰的複製品，而是邀請我們：認真地看見自己、探索自己，然後勇敢地去創造屬於自己的光芒。

他說：「成功的人，從不害怕與眾不同，因為他們知道，自己的價值，是世界上無可取代的存在。」這樣的信念，穿越了時間的長河，也超越了社會的標籤，成為今天我們依然需要的提醒。

◎現代人的成功樣貌

在這本改編的實踐篇中，我們重新詮釋希爾的觀點，並且用臺灣生活的語境，帶出他永恆的智慧。你會在書中看見：

- 如何在平凡的日子裡，發現屬於自己的目標與方向；
- 如何用行動，把理想與價值變成日常的態度；
- 如何在焦慮與壓力中，仍舊相信自己值得、更願意前行。

這本書不是只談「大夢想」，而是告訴你：從每天的小小選擇開始，就能逐步靠近你想成為的人。它不只是勵志，而

是生活的對話;不只是給你「應該做什麼」的答案,更是邀請你,去問自己「我想要怎樣活」的問題。

◎給每個正在努力的你

也許你正在職場裡努力,想讓自己更被看見;或是,你在生活中尋找一種平衡,渴望在家庭與自我之間,找到真實的幸福。又或者,你只是單純想知道:在這個世界上,我能不能成為更完整、更有力量的自己?

拿破崙·希爾說:「別人怎麼定義成功不重要,重要的是,你有沒有按照自己內心的聲音去前進。」這本書,就是這段探索的起點。

我們從目標感談起,說明如何把夢想從遠方拉到眼前;接著,談自律與習慣,因為再大的目標,也要靠每天的行動去落實;然後,我們走進熱情與創意,因為沒有熱情,行動也只是疲憊的重複;我們也談到溝通與人際,因為沒有人是一座孤島;最後,書裡還寫了「恐懼與自信」、「生活的平衡」、「學習與成長」⋯⋯這些面向,都環繞著一個核心:找到你最真實的價值,並把它活在每一天。

◎讓價值成為行動,而非口號

書中,每一章的案例與練習,都是為了讓你能在日常裡,真正去實踐拿破崙·希爾的理念。我們希望,這不只是一套文字,更是一盞燈——照亮你在迷惘時的道路;也是一

序言　點亮屬於自己的成功之路

面鏡子——讓你看見：原來自己一直都比想像中更有力量。

別再等到世界給你肯定，才願意相信自己。希爾說：「真正的價值，是當你每天都對自己說：我值得。」從今天起，給自己一個承諾：別再小看生活裡的每一個小小行動。因為每一步，都是你活出自己價值的證明。

◎一段屬於你的旅程，從這裡開始

當你讀完這本書，請不要急著說「我已經學會了」。拿破崙・希爾最希望我們明白的是：學習與實踐，從來不是一蹴可幾的結果，而是一輩子的習慣。今天學會的，明天還要再練習；今天的勇氣，明天還要再添一點信心。

這是一本關於成功的書，更是一本關於「你」的書。因為，無論外面的世界多麼喧嘩，最重要的答案，始終都在你心裡。

所以，從今天開始，願你放下對完美的執著，願你學會欣賞自己的獨特；願你在每一個平凡日子裡，都能看見自己的光芒——那是屬於你的、無可取代的，真正的價值。

拿破崙・希爾說：「世界上最大的力量，是相信自己能做到。」願這本書，成為你開始相信的那一個瞬間，並陪伴你一路向前。

第一章
開放心態,迎接改變

第一章　開放心態，迎接改變

第一節　改變從心態開始

成功學大師拿破崙・希爾在其經典著作中反覆強調：「思想是有力量的，你怎麼想，就會怎麼做。」這句話道出心態的關鍵地位。無論是面對工作挑戰、生活壓力，還是人生的未知轉折，第一步都來自內心的選擇——你願不願意改變？

在《成功定律》中，第一項「積極心態」被視為成功的基礎。拿破崙・希爾指出：「任何成就的開始，都是從思想的種子萌芽。」一個人的內心如果能夠接受改變、擁抱成長，就能把外在的困難轉化為向前的力量。

心態決定改變的幅度

心理學家威廉・詹姆斯曾說：「改變心態，就能改變世界。」拿破崙・希爾進一步說明，心態如同一面鏡子，反映出我們對自己的信任與期待。當我們願意用積極開放的眼光看待新挑戰，機會也會在眼前出現。

很多人面對新環境、新挑戰時，第一反應是退縮或抗拒。這是一種本能，但並不代表必然。希爾認為：「積極心態不只是天生的，而是經過有意識的練習與培養。」當我們選擇每天都多一點開放心態，就能逐步建立出跨越困境的力量。

改變的第一步：停止抱怨

日常生活中，我們常常習慣抱怨。抱怨工作太忙、生活太累、環境不友善……但拿破崙·希爾提醒我們：「抱怨是心態封閉的起點。」如果一直在責怪外在環境，內在就會變得消極、無力。相反地，當我們練習停止抱怨，開始轉向「我能改變什麼」的思考，整個世界也會慢慢向我們打開。

例如，當工作遇到瓶頸時，與其抱怨同事不合作，不如思考：「我能怎麼溝通，讓合作更順暢？」當生活瑣事壓得自己喘不過氣，與其埋怨生活不公平，不如問自己：「我能從小地方開始，讓生活更簡單嗎？」

拿破崙·希爾的「內在對話」

希爾在書中多次強調「內在對話」的影響。他提到：「一個人內心的自我對話，決定了他的行為模式。」如果每天告訴自己「我做不到」、「這太難了」，這樣的想法就像種子，會在腦中慢慢長成放棄的理由。

相對地，當我們學會每天對自己說「我有能力面對挑戰」「我能學習新東西」，這些積極的語言會在潛意識裡悄悄生根，成為支持我們行動的養分。

> 第一章　開放心態，迎接改變

開放心態的練習：日常三步驟

1. 從改變語言開始

注意自己說話時的語氣與用詞。把「我不行」換成「我可以試試看」，把「我很害怕」換成「我有勇氣面對」。這不只是語言的變化，更是讓內心重新設定成功的開關。

2. 每天找一件新鮮事

開放心態，需要不斷給自己新的刺激。每天安排一件平常不做的事，例如：閱讀新主題的文章、學習一個新技巧，或是和不同背景的人聊天。這些小練習，會慢慢打開封閉的心門。

3. 停止與他人比較

很多時候，心態的封閉來自與他人的無謂比較。拿破崙・希爾提醒：「每個人都是自己命運的建築師。」當我們把焦點放回自己，學會珍惜與發展屬於自己的價值，改變的力量就會開始累積。

成功的心態是「主動而非被動」

希爾在談到積極心態時，常用「主動」來形容它。他寫道：「真正的積極，不是等環境變好，而是先在內心種下『我願意改變』的種子。」這句話提醒我們，外部條件再優渥，如果心態還停留在等待別人幫助、等待時機成熟，就不會真正產生改變。

很多人以為改變必須是**轟轟**烈烈的,其實不然。希爾說:「改變往往是一點一滴的累積,一次又一次小小的決定。」也就是說,開放心態不是瞬間出現,而是透過日常一次又一次的微小行動,逐步讓自己更靠近理想的人生。

改變後的喜悅:小成就累積大改變

當我們開始用開放心態面對生活,會發現一些微小但真實的喜悅。也許是學會一個新技能,也許是和人建立更好的關係,也許只是讓生活少一點焦慮、多一點平和。

希爾寫道:「改變最大的禮物,就是讓我們發現自己的潛能。」當你看見自己能夠從被動等待,變成主動行動,內在的自信與自我認同也會跟著茁壯。

從今天開始,做出小小的改變

改變的力量,不在於一夜之間翻轉世界,而是從今天開始,對自己的態度有一點小小的調整。拿破崙・希爾說:「你的思想,決定了你的人生。」當你選擇打開心態的門,世界也會為你打開新的機會。

從今天開始,練習把「不可能」變成「或許可能」,把「我做不到」變成「我願意試試看」。一步一步,讓心態越來越開放,讓人生變得更寬廣、更有力量。

第一章　開放心態，迎接改變

第二節　調整想法，看見新可能

　　拿破崙・希爾在《成功定律》中提到：「想法的力量，就像羅盤，決定了人生的方向。」這句話揭示了一個關鍵：我們如何看待問題、如何面對挑戰，決定了未來的走向。當我們懂得調整想法，就能看見更多的機會與可能。

從限制到可能的轉變

　　許多時候，我們習慣用舊有的方式思考。面對困難時，會自然而然地想到「我辦不到」「太困難了」。但希爾提醒我們：「改變想法，改變未來。」他指出，思考習慣決定了行為，而行為最終決定了成就。

　　例如：一個人習慣用負面思維面對挑戰時，往往只會看見障礙，而錯失了從中學習的機會。相反地，當他能調整想法，用「我可以試試看」或「這可能是個新機會」的態度來看待挑戰，心態就會從封閉走向開放，從懷疑走向行動。

「積極心態」是看見可能的鑰匙

　　希爾在成功法則中提出「積極心態是所有成就的基礎」。所謂積極心態，就是願意從失敗中找到學習，從挑戰中找到

機會。這種心態不只是一種情緒,更是一種決心:決定不再被過去限制,而是選擇看見更多可能。

他在書中強調:「每一個困境,都是向前的一個臺階。」這句話提醒我們,挑戰不一定是壞事,很多時候,它反而是成長的契機。當我們學會調整想法,把問題當成學習和成長的機會,生活就會出現更多驚喜。

日常練習:換個角度看問題

改變想法,往往不是一夕之間完成的,而是需要不斷練習的功課。以下提供幾個簡單的生活練習,幫助自己看見新的可能:

1. 多問「還有沒有其他可能?」

當遇到問題時,別急著說「沒辦法」。問自己:「還有沒有其他方式解決?」有時候,多問一次,答案就會不一樣。

2. 換位思考

試著從別人的角度看事情。這不只是一種體貼,更是一種開拓思維的方式。當你學會從不同立場看問題,就會發現原本看似死結的難題,其實還有不同的解法。

3. 把「不可能」換成「可能性」

當想法卡住時，試著告訴自己：「或許我現在還不會，但我可以學會。」這種小小的語言調整，能讓心態更柔軟、思維更有彈性。

思維決定行動，行動決定結果

拿破崙・希爾寫道：「你怎麼想，就會怎麼做。」這是因為，想法像是行動的種子。當我們的想法充滿懷疑和恐懼，行動就會縮手，失敗的機率就會提高。相對地，當我們願意調整想法，給自己一點希望和勇氣，行動就會更堅定，結果也會更正向。

舉個簡單的例子：當你面對一個新的專案，心裡如果想的是「這太難了，我一定做不到」，結果很可能真的半途而廢。但如果心裡想的是「我雖然不懂，但可以學習」，你會更有動力去嘗試，也更有可能把事情做好。

成功的人，懂得讓想法成為助力

希爾在書中提到，成功的人不是沒有恐懼，而是他們懂得「讓想法成為助力」。他說：「你的思想是你最強大的資產。」成功者之所以能跨越障礙，不是因為沒有挑戰，而是因為他們願意用新的想法看待挑戰，讓困難變成機會。

第二節　調整想法，看見新可能

這樣的態度，並不是一開始就有的，而是經過一次又一次的嘗試與練習。當你開始練習調整想法，世界會變得更寬廣，你也會發現，原本認為辦不到的事情，其實都有可能做到。

小小的改變，帶來大大的不同

調整想法不需要大刀闊斧的革命，反而是從生活中一點一滴的改變開始。每天提醒自己多看一個可能，多想一種解法。這樣的小小改變，會在不知不覺間，為人生帶來大大的不同。

希爾說：「最偉大的改變，往往始於最微小的想法轉變。」這句話，送給每一個在生活中努力前行的你。當你開始用新的眼光看世界，世界也會開始用新的機會回報你。

看見可能，活出更寬廣的自己

成功學並不只是一本書、一個理論，它是一種讓生活更好的態度。調整想法，看見新的可能，從今天開始練習。當你的心態柔軟了，思維更開放了，你會發現，原本看似艱難的挑戰，都能成為實現夢想的墊腳石。

拿破崙・希爾說：「機會只青睞那些準備好、願意相信的人。」現在，就讓我們成為那個準備好、願意相信的人，讓想法引領行動，讓行動創造新的成果！

第三節　不怕挑戰，從錯誤中學習

　　拿破崙・希爾在《成功定律》中說過：「每一個挑戰，都是生命賦予我們的禮物。」他相信，面對挑戰與錯誤時的態度，決定了我們能否真正成長。對許多人而言，挑戰和錯誤通常令人害怕，但其實，這正是學習與改變的開始。

挑戰是成長的催化劑

　　希爾認為，成功者和失敗者的差別，並不在於誰比較幸運，而在於誰更願意正面迎接挑戰。他指出：「當我們害怕挑戰，選擇逃避，問題只會不斷重複；當我們勇敢面對挑戰，就能從中學到寶貴的經驗。」

　　挑戰就像是生活給我們的試煉。它讓我們看見自己的極限，逼迫我們思考新的解決方案。很多時候，挑戰中的壓力，反而能激發潛藏的力量。只要勇敢跨出第一步，改變就會在無形中發生。

錯誤是學習的起點

　　希爾在書中寫道：「錯誤不是失敗的證明，而是改進的訊號。」他強調，錯誤不可怕，可怕的是因為怕犯錯就什麼都

第三節　不怕挑戰，從錯誤中學習

不敢做。每一次錯誤，都是成長的起點。

日常生活中，我們常因為害怕被批評而選擇停滯不前。然而，真正的學習，往往是從錯誤中開始的。當我們把錯誤視為「學習過程的一部分」，而不是「能力不足的證明」，就能把焦慮化為動力，持續向前。

日常生活中的挑戰與錯誤練習

1. 勇敢面對未知

不要因為不熟悉，就選擇放棄。當面對新任務時，先告訴自己：「我可以試著學會。」不熟悉只是暫時的，學習是可以累積的。

2. 從錯誤中尋找收穫

每當遇到挫折，問問自己：「這次經驗教會我什麼？」不要急著指責自己，而是誠實面對，並記錄下學習重點。

3. 讓挑戰變得有趣

把挑戰看作是一場遊戲或實驗。告訴自己：「這是一次學習的機會，而不是考試。」這樣能減少壓力，讓自己更願意嘗試。

第一章　開放心態，迎接改變

信心來自一次次小小的突破

希爾說：「信心不是與生俱來的，而是一次又一次小小成功的累積。」當我們挑戰自己，面對錯誤而不退縮，就會逐步累積出屬於自己的信心。

生活中，可以從最簡單的事情開始：學一個新的技能、試一種新的做法、練習面對不舒服的感覺。每完成一個小小挑戰，信心就會被強化一次。久而久之，這些小成功會變成面對更大挑戰時的後盾。

用「積極心態」迎接錯誤

拿破崙・希爾在《成功定律》中，希爾多次提到「積極心態」的重要。他強調，積極心態不是盲目的樂觀，而是一種在錯誤和挑戰中，依然能保持行動力的力量。

他提醒我們：「如果你能從錯誤中找到學習的價值，那麼沒有什麼是真正的失敗。」積極心態能讓我們從恐懼中走出來，把每個挑戰都變成前進的動力。

停止責備，開始學習

生活中，很多人面對錯誤時，會陷入「自責」或「抱怨」的循環。希爾認為，這種心態是封閉改變之門的枷鎖。他

說:「停止責備,改用學習的眼光看待每個經驗。」

當我們停止責備自己或他人,才能真正看見問題本身,找出可以改進的地方。這樣的態度,會讓我們更快樂、更踏實,也更容易發現新的機會。

改變不是一夜之間發生

面對挑戰與錯誤,需要時間與耐心。希爾在書中提醒:「改變不是一夜之間發生,而是來自於一次又一次勇敢的嘗試。」不要急著追求完美,因為真正的進步,往往藏在那些微小的調整與堅持裡。

把挑戰變成成就的養分

當我們學會不怕挑戰,從錯誤中學習,就等於在心裡種下一顆成長的種子。拿破崙·希爾說:「世界上沒有失敗,只有還沒學會的功課。」這句話提醒我們,挑戰與錯誤並不可怕,真正重要的,是你是否願意從中學到一些什麼。

從今天開始,面對挑戰,給自己多一點勇氣;遇到錯誤,給自己多一點寬容。只要願意不斷學習,錯誤終將成為你人生最寶貴的禮物。

第一章　開放心態，迎接改變

第四節　把改變當作成長的機會

拿破崙・希爾在《成功定律》中告訴我們：「人生最重要的考驗，不在於順境，而在於逆境中是否能看見新的成長。」改變，無論大小，常常伴隨著不確定與挑戰。對很多人來說，改變令人焦慮；然而，希爾提醒我們，改變本身就是一個學習與成長的契機。

改變的意義：重新認識自己

改變不只是環境的改變，更是自我重新定義的機會。希爾認為：「每一次改變，都是認識自我的一次機會。」在改變的過程中，我們會發現自己其實有更多的彈性，也會發現原本認為做不到的事，透過嘗試與行動，終究可以達成。

想想看，當我們面對新的挑戰，是否總是先感到害怕？希爾說，這是很正常的。真正重要的，不是是否害怕，而是是否願意在害怕中仍然往前走。當我們抱持著「改變是學習」的態度，焦慮與不安就會慢慢轉化為興奮與好奇。

每一次改變，都是轉機

希爾在書中分享過一句話：「改變，就是成長的另一種表現。」這句話的意思是，當我們主動擁抱改變，就等於在訓

練自己的彈性。彈性強的人，不容易被外在的環境打倒；反而能在變動中找到新的機會。

例如，當工作環境改變時，與其抱怨，不如問自己：「我可以從這次改變中學到什麼？」這樣的心態，會讓我們從消極被動變成積極主動，也讓生活的主導權，從環境回到自己手中。

日常生活中的改變練習

1. 接受新挑戰

每當有新的任務或新的安排，先不要急著拒絕。試著把它看作是一個新的冒險，一次自我成長的契機。

2. 主動學習新技能

改變往往需要新技能的支撐。當有機會學習，無論是技術、知識還是新的思考方式，都勇於嘗試。

3. 調整心態，讓改變變得自然

告訴自己：「改變是生活的一部分。」把改變當作習以為常，久而久之，面對變化時就不再那麼焦慮。

第一章　開放心態，迎接改變

失敗是改變中的一部分

很多人害怕改變，是因為害怕失敗。拿破崙・希爾提醒我們：「失敗只是成功的試金石。」當我們願意接受改變，就必須接受其中可能出現的錯誤。但別忘了，這些錯誤，其實就是最好的學習機會。

他在書中指出：「失敗不是終點，而是學習的開端。」當我們把失敗看作成長的必經過程，改變就不再是壓力，而是一次寶貴的磨練。

改變的心態：從害怕到期待

很多時候，改變讓人害怕，是因為未知帶來不確定。希爾建議，我們可以從「未知中找到希望」。當我們學會在改變中看見新的可能性，就不再只是被動接受，而是主動創造。

改變，從來不是一件輕鬆的事，但它的價值在於能讓我們更完整、更真實地活出自己。每次接受改變的挑戰，都是讓我們更接近理想人生的一步。

用積極的語言迎接改變

希爾在書中強調「語言的力量」。他說，當我們用積極的語言面對改變，心態也會跟著積極。每天告訴自己：「我願意

面對改變」、「改變會讓我更強大」,這樣的自我暗示,會成為推動自己向前的動力。

改變是人生最大的禮物

　　回顧人生,你會發現,真正讓你成長的,往往不是那些一成不變的日子,而是那些必須面對挑戰與改變的時刻。拿破崙・希爾寫道:「改變是人生的催化劑,讓我們從平凡走向卓越。」

　　當你學會在改變中看見學習的價值,當你願意用開放心態接受每一次新機會,人生就不再只是被動的適應,而是一段不斷拓展自我邊界的旅程。

把改變當作最好的老師

　　改變從來不是容易的事,但它是人生最好的老師。拿破崙・希爾說:「每一次改變,都讓你更靠近夢想。」從今天起,讓我們練習在面對改變時,先放下恐懼,給自己一句鼓勵的話,並且告訴自己:「這是我學習、成長的新機會。」

　　當你用積極的態度擁抱改變,世界也會用全新的方式回應你。讓我們一起把改變當作養分,讓生活因為這些變化而更加豐富、更有力量!

第五節
練習用開放的心態面對新事物

拿破崙・希爾在其經典著作中一再強調：「一個開放的心態，是發現機會與創造價值的起點。」在生活中，很多人面對新事物時，習慣第一時間說「我不會」或「這好像不適合我」。但希爾提醒我們：「每一次新嘗試，都是一扇門，打開它，就能看見更大的世界。」

拒絕新事物，等於拒絕成長

我們的心態，就像一扇門。當門緊閉時，無論外面的世界多麼豐富，我們都無法看見。當我們害怕嘗試新事物、抗拒改變，心態就會越來越封閉，生活也會失去色彩。

拿破崙・希爾指出：「封閉的心態，是所有停滯與困境的溫床。」因為當我們不願嘗試新東西，等於拒絕了學習與成長的機會。相對地，當我們願意試試看、願意多了解，就會在無形中為自己開創更多可能。

開放心態的好處

開放心態,不只讓我們有機會學到新東西,還能在挑戰中找到樂趣。希爾說:「學習,是人類最大的快樂。」當我們以開放心態面對新事物,就會發現,每一次新的學習,都是一種自我突破的喜悅。

例如:學習一門新技能,可能一開始會覺得困難、陌生;但只要持續練習,慢慢熟悉,會發現原本的恐懼變成了成就感。這種「我做得到!」的感覺,會變成內在的自信,支持我們在其他挑戰中更堅定。

日常生活中的開放心態練習

1. 多問「為什麼不?」

當面對新事物時,先別急著說「我不行」。問問自己:「為什麼不試試看?」這句簡單的問句,能幫助我們從抗拒轉向嘗試。

2. 主動接觸不同的領域

生活中,試著接觸平常不熟悉的主題。可以閱讀不同的書籍、參加新的活動,或和不同背景的人交流。這些嘗試,會讓思維更靈活。

3. 從小處著手

改變從小地方開始。試試看換個通勤路線、嘗試新的料理、或用新的方法安排工作。小小的改變，會慢慢帶來心態的突破。

克服恐懼，讓好奇心引路

面對新事物時，最常出現的情緒就是恐懼。希爾提醒：「恐懼是開放心態的最大障礙，但也是最好的老師。」他告訴我們，恐懼往往只是因為未知，而非真正的危險。當我們讓好奇心引導行動，就能讓恐懼慢慢消失。

告訴自己：「我不知道，正是我可以學習的機會。」這樣的心態，能讓我們從封閉轉向開放，從害怕轉向探索。

拿破崙・希爾的信念：學習是成功的必經之路

希爾在書中說：「所有的成功，都是從學習開始。」這句話提醒我們，生活中所有的新嘗試，無論大小，都是通往成功的基礎。當我們練習用開放心態面對新事物，就等於在不斷培養自己的學習力與彈性。

這不只是工作上有用，更是生活中找回快樂與成就感的關鍵。因為當我們停止學習，就等於停止成長；而當我們願意學習，生命就會一直往前。

成功者的習慣：保持開放心態

希爾觀察到，許多成功人士都有一個共通點：他們不害怕學習，不抗拒新事物。無論多忙、多成功，他們總會在生活中保留一點空間，讓自己探索新的想法。

你也可以從小地方開始：每天學一個新單字、嘗試一個新的運動、甚至只是和陌生人聊一聊。這些小小的行動，會一點一滴地改變你面對世界的態度。

用開放的心態，打開更寬廣的世界

拿破崙・希爾說：「心態決定高度，開放心態是最好的起跑點。」當我們停止害怕，開始嘗試，生活就會回報給我們更多機會與驚喜。

從今天起，別讓習慣的框架限制你的想像。試著每天給自己一個小小的挑戰，一點點改變，讓開放心態成為生活的養分。你會發現，世界原來比想像的更寬廣、更有趣！

第一章　開放心態，迎接改變

第六節　接受改變，才能更好

拿破崙・希爾在《成功定律》中寫道：「世界上最有力量的人，是那些願意接受改變的人。」這句話揭示了改變與成長的密切關係。無論是生活還是工作，改變無可避免。與其抗拒改變，不如學會接受它，讓改變成為人生中的新契機。

改變是生活的必然

我們常說：「唯一不變的，就是改變本身。」生活每天都在變動：科技的進步、工作內容的調整、人際關係的變化……改變並不總是如我們所願，有時候甚至讓我們感到焦慮或挫敗。然而，拿破崙・希爾提醒我們：「改變不是危機，而是成長的機會。」

當我們學會接受改變，心態就會變得柔軟。柔軟的心態，能幫助我們看見新的可能，並讓我們更自在地面對挑戰。

改變與成長的連結

希爾強調：「成長的關鍵，就是面對改變時的態度。」抗拒改變，等於抗拒成長。接受改變，才有機會發現新的潛能。就像一棵樹，隨著風向改變自己的姿態，才能在風雨中屹立不搖。

第六節　接受改變，才能更好

這樣的道理，無論在職場還是生活中，都適用。當你能把改變看作是一種磨練，而不是一種威脅，你就不再只是被動接受，而是主動學習與適應。

面對改變的三個練習

1. 調整心態，別把改變看成壞事

改變並不一定代表失去，往往也意味著新的開始。每天提醒自己：「改變是學習新東西的機會。」

2. 保持彈性，學會適應

適應不是放棄，而是用更好的方式迎接挑戰。試著從新的角度看問題，找到適合自己的應對方法。

3. 設定小目標，逐步調整

改變太快，可能讓人不安。設定小步驟，讓自己有時間慢慢適應與習慣，會讓改變變得更容易。

拿破崙・希爾的提醒：
接受改變，是自我強化的起點

希爾說：「接受改變的人，能在變化中找到新的自己。」這句話鼓勵我們，改變不是外界強加，而是我們選擇用新的

眼光看待世界。當你從心裡接受改變，就等於在為未來打下更穩固的基礎。

他也提醒我們，接受改變需要勇氣，但更需要的是「持續行動」。改變本身不會立刻帶來成果，唯有每天的練習與行動，才能讓改變真正成為你生活的一部分。

克服改變帶來的焦慮

很多人面對改變時，會感到焦慮或不安。這是很正常的情緒，希爾告訴我們，關鍵是別讓焦慮停滯了行動。可以試著把焦慮當作一種提醒：告訴自己「我在成長，我在學習」。

每天給自己一些肯定的話語：「我能適應新的環境」、「我願意接受新的挑戰」。這些語言，就像是內心的導航，幫助你從焦慮中走出來，重新找回方向。

改變，讓人生更多彩

希爾在書中多次強調，接受改變，會讓人生更豐富、更有趣。因為改變意味著新的經驗、新的技能、新的機會。當我們停止抗拒，開始欣賞改變帶來的可能性，生活就會多出許多意想不到的驚喜。

接受改變，擁抱更好的自己

拿破崙・希爾說：「你要改變，因為世界永遠在變。」這句話提醒我們，與其停留在原地，不如勇敢向前。從今天起，學會把改變當作朋友，而不是敵人。

當你開始接受改變，世界也會開始回應你的勇氣與彈性。讓我們練習每天用開放心態看待新的挑戰，慢慢發現：原來，改變不只是壓力，也是讓生活更美好的力量！

第一章　開放心態，迎接改變

第七節　每天一點點的改變

拿破崙·希爾在《成功定律》中說過：「改變不是一瞬間的壯舉，而是日復一日的小小行動。」這句話道出了成功與成長的真諦。真正能夠改變一個人命運的，往往不是一次巨大的決定，而是那些每天一點一滴的堅持。

小改變，大力量

生活中，我們總容易高估一次改變的力量，卻低估日常小習慣的累積。希爾提醒我們：「每天的進步，哪怕只有一點點，時間會讓它變成非凡的成果。」

想要培養一個新的技能？不需要每天學習八個小時，只要每天進步一點點，知識與能力就會慢慢增長。想讓生活更健康？不需要立刻大改變飲食和作息，而是從多喝一杯水、少吃一點垃圾食物開始。這些小小的行動，會在日復一日中，慢慢重塑我們的習慣與生活方式。

為什麼每天一點點改變特別有效？

拿破崙·希爾指出：「人類最大的弱點，就是希望快速達到目標，卻忘了持續的力量。」他提醒我們，巨大的目標常常嚇退人，但小小的目標卻讓人更有信心去實踐。

- 小小的改變，不會讓人感到害怕，反而容易開始；
- 小小的改變，累積起來比短期爆發更持久；
- 小小的改變，會在每一次行動後，帶來微小的成就感，進一步鼓勵下一次的行動。

改變從當下開始

許多人總愛說：「等到明天再說。」但希爾提醒：「改變從不在明天，而是在今天。」每天都能做一點點新的嘗試，今天比昨天更好，明天比今天更有力量。這樣的心態，會讓改變變得不再遙不可及。

舉例來說：

- 想培養閱讀習慣？今天就讀一頁，明天再多一頁。
- 想運動？今天先花五分鐘伸展，明天再多走一點路。
- 想改變心態？今天先換一個小小的正向思考，明天再擴大一點點。

改變的日常練習

1. 給自己一個小目標

不要想著一次要改變全部，而是每天做一件小事，讓自己往目標更靠近。

2. 記錄並觀察進步

寫下每天完成的小改變,哪怕只是短短一句話。記錄會讓你看見自己正在不斷前進。

3. 給自己小小的獎勵

當完成一天的改變,給自己一句鼓勵、一杯喜歡的飲料,或者只是靜靜享受「我做到了」的心情。

成就來自堅持,而非一時衝動

拿破崙・希爾說:「沒有任何改變能一蹴可幾,真正的改變是時間的朋友。」每天一點點的改變,就像涓滴匯成江河,慢慢在生命中築起新的可能。

別小看那些每天只做一點點的努力。當你回頭看時,會發現它們已經在不知不覺間,帶你走向了更積極、更強大的自己。

每天一點點,走向更好的自己

從今天起,別再把目標看得太大,別再被「要一次做到完美」的想法嚇退。拿破崙・希爾告訴我們:「改變是一段旅程,每天的腳步,才是最踏實的力量。」

第七節 每天一點點的改變

　　試著每天做一件小事,哪怕再微小,都會讓你比昨天更好。這些小小的行動,會在未來某一天,讓你驚訝於自己已經走了多遠。讓我們一起從今天開始,珍惜並享受每一點點的改變,成就更好的自己。

第一章　開放心態，迎接改變

第八節　讓心態跟上世界的腳步

拿破崙・希爾在《成功定律》中提醒我們：「世界在變，你也要學會跟著變。」面對快速變化的時代，最大的挑戰，不在於外在條件，而是我們是否願意讓心態持續更新。因為只有心態能決定你是否能抓住新的機會，並在變動中找到屬於自己的位置。

變化的世界，開放的心態

科技進步、社會轉型，讓我們每一天都在面對新的挑戰與選擇。拿破崙・希爾說：「世界上的進步，永遠留給那些勇於改變的人。」心態的開放，意味著你願意學習新的事物，不排斥新的觀念，並且從中找到前進的動力。

舉例來說：

- 你是否願意接受新的工作方式，而非固守舊有的舒適圈？
- 你是否願意主動學習新技能，而非讓世界的變化嚇退你？
- 你是否能放下對失敗的恐懼，把每一次改變看作一次成長的機會？

第八節 讓心態跟上世界的腳步

這些問題，都是讓我們檢視心態是否能跟上世界腳步的提醒。

讓自己保持彈性與韌性

面對變化，拿破崙・希爾強調「彈性與韌性」的價值。彈性，讓我們能在新局勢中找到不同的切入點；韌性，讓我們在遭遇挫折時不輕言放棄。當心態足夠彈性，就能看見世界的多元，並找到新的機會；當心態足夠韌性，就能在挑戰中練就更強的自己。

讓心態成為前行的助力

要讓心態跟上世界，最重要的就是保持持續學習與行動。拿破崙・希爾在書中說：「每一次學習，都是一次新的可能；每一次行動，都是一次新的開端。」

◆ 透過閱讀、對話與觀察，不斷學習新知識；
◆ 透過反思與練習，不斷更新對生活的理解；
◆ 透過行動與體驗，不斷在變化中發現新的機會。

這樣的心態，不僅讓我們在世界的快速變動中保持競爭力，更讓我們活得更充實、更有自信。

第一章 開放心態，迎接改變

讓世界的變化成為你的舞臺

拿破崙‧希爾告訴我們：「變化不是威脅，而是機會。」當世界加速變化，真正需要的是一顆能隨時調整、樂於接受新鮮事物的心。這樣的心態，會讓世界不再是壓力，而是成長的舞臺。

告訴自己：世界在變，而我也在進步。用這樣的信念，取代對改變的恐懼，生活就會有更多驚喜與可能。

用開放的心態，擁抱時代的脈動

從今天起，提醒自己：不要讓舊有的想法，成為看不見未來的藩籬。拿破崙‧希爾說：「改變是進步的開始。」當我們選擇用開放、彈性、韌性的心態去迎接每一個新挑戰，就等於給自己更多機會，更多選擇。

世界的腳步很快，但有一顆願意學習與接受的心，就能讓你永遠不落伍。讓我們一起，保持心態的新鮮感，讓世界的變化，成為推動自己向前的力量。

第二章
培養自律，養成好習慣

第二章 培養自律，養成好習慣

第一節　自律讓生活更有掌控感

拿破崙・希爾在《成功定律》中強調：「自律，是你最大的財富。」這句話道出了一個真理：無論目標多明確，夢想多宏大，如果缺乏自律，終將無法落實。自律，是通往成功的橋梁，也是一個人對生活的真正掌控。

自律，從認知開始

很多人以為自律只是「約束自己」或「忍耐痛苦」。其實，希爾在書中早就提醒我們：「自律是面對內心聲音的勇氣，是對自我承諾的尊重。」當我們願意從內心深處看見自律的意義，它就不再是外界的壓力，而是一種自我實現的力量。

生活中，許多人因為感覺生活「失控」而焦慮。工作忙碌、時間不夠、瑣事纏身，讓人覺得無力。希爾提醒我們，這種「無力感」往往來自於缺乏自律。因為自律不只是做事的方法，更是心態的支點：當你學會自律，生活也就跟著有序、踏實。

自律,讓生活更有掌控感

想像一下,當你每天都能完成早晨的運動計畫,當你能在工作中堅守優先順序,當你能把生活瑣事有條理地安排好,這種踏實感,會讓你對自己更有信心。拿破崙·希爾說:「自律的人,永遠比別人多一份安心,因為他知道,自己是生活的主人。」

這種安心,不是因為外界給的,而是你從每天一點一滴的自律中建立起來的。當生活開始有序,當你能明確說出自己的目標,並且用行動實現它們,你會發現:原來,生活可以由自己掌控,而不是被動接受。

自律不是壓抑,而是選擇

許多人對自律有誤解,以為它是壓抑快樂、限制自由。但希爾提醒我們,自律不等於壓抑,而是「為更大的快樂與自由,先做出理智的選擇。」

例如:當你選擇晚上早睡,雖然短暫犧牲了一些娛樂時間,但換來的是隔天更充沛的精神與效率。當你選擇控制支出,雖然當下無法享受購物的快感,但卻能累積財務自由的基礎。這種先苦後甘的選擇,正是自律的核心價值。

第二章　培養自律，養成好習慣

拿破崙‧希爾的提醒：自律是成功的習慣

希爾在書中寫道：「真正的自由，來自於自律。」他告訴我們，很多人以為隨心所欲才是自由，但事實上，沒有自律的人，常常活在焦慮與混亂中；而自律的人，因為心中有方向，才能在面對誘惑與挑戰時，更篤定、更輕鬆。

每天早晨，當你願意起床運動，而不是賴在床上；當你願意完成工作，而不是拖延到最後一刻；當你願意練習專注，而不是被各種分心吸引……這些看似小小的自律，都是在告訴自己：「我掌控我的生活，而不是生活掌控我。」

實踐自律的日常小練習

1. 每天給自己一個小承諾

例如：今天要早睡 30 分鐘，或今天中午不吃外食改吃健康便當。小小承諾，能累積自律的信心。

2. 記錄完成的每個小目標

透過日記或備忘錄，把完成的任務寫下來。這種「看得見的成就感」，會幫助自律變得更有成就感。

3. 練習說「不」

學會拒絕不必要的應酬、拖延的藉口、或是短暫的欲望。每一次說「不」，都是自律的一次勝利。

第一節　自律讓生活更有掌控感

自律讓人生更踏實

希爾提醒我們，自律並不是天生的，而是透過練習、透過一次次小小的選擇，慢慢培養起來的。當你開始練習，生活也會因為這種自律，變得更踏實、更清晰。

別小看每天的一點點努力，當這些努力日積月累，生活就會越來越接近你想要的樣子。自律，不只是達成目標的工具，更是讓人生從混亂走向掌控的力量。

從自律開始，成為自己人生的舵手

拿破崙・希爾說：「自律是你人生的舵手。」這句話提醒我們，無論外界多麼不可預測，真正能帶領我們走向理想人生的，永遠是自己的選擇與自律。

從今天起，試著每天給自己一個小目標，並堅持去做。當你發現，原本覺得很難堅持的事，竟然也能一天天做到，信心與自信就會慢慢累積。那時候，你會發現：原來，生活真的可以被自己掌控，而這種踏實感，就是自律帶給我們最珍貴的禮物。

第二章　培養自律，養成好習慣

第二節　小步驟，養成大改變

拿破崙・希爾在《成功定律》中指出：「成功從不在於一蹴可幾，而是靠無數個小步驟堆疊。」這句話提醒我們，真正的改變與成長，往往不是一夜之間的翻轉，而是從日常生活中的小小行動開始。

小步驟，打開改變的大門

很多人面對改變時，常常會想：「我必須一次做到最好！」這種想法雖然熱血，卻也容易讓人半途而廢。因為改變若訂得太大、太快，遇到一點挫折就容易放棄。拿破崙・希爾說：「小步驟的堅持，遠勝過一次性的爆發。」當我們把目標拆解為小小的行動，才更容易堅持、累積，最終實現長遠的改變。

小步驟的威力：從根本上發生改變

拿破崙・希爾提到：「持續不斷的行動，會在不知不覺間改變一個人的信念與能力。」意思是，小小的努力，雖然短期內看不見劇烈改變，但時間一久，就會產生根本上的成長。

例如：想培養每天運動的習慣，與其一開始就規定自己每天跑十公里，不如從每天散步十五分鐘開始。當你開始習慣每天散步，體能慢慢變好，再加碼跑步。這樣循序漸進的方法，讓自律的習慣更穩定、也更容易持續。

如何開始小步驟練習

1. 從最簡單的開始

問問自己：「我今天可以做什麼？」不要想著立刻要改變所有事情。每天做一件小事，像是早上花五分鐘整理房間、或是下班時把明天工作先列出重點，都是好的開始。

2. 用小目標取代大目標

大目標像一座高山，會讓人害怕；小目標像是階梯，讓人更願意邁步。舉例來說，想養成讀書習慣，可以先設定每天讀五頁，而不是一下子要讀完整本書。

3. 每天記錄小小成就

希爾強調：「記錄是自律的催化劑。」當我們寫下每天完成的小目標，不但能看見進步，也會更有動力繼續前進。

第二章　培養自律，養成好習慣

生活中的小步驟範例

（1）想改善飲食習慣？先從每天多喝一杯水開始。

（2）想加強工作專注？先從每天工作前，花十分鐘排定優先順序。

（3）想養成閱讀習慣？每天花十分鐘閱讀，而非一次看完一整本書。

這些看似微不足道的小步驟，會在潛移默化中，養成穩定而踏實的好習慣。

小步驟也能帶來信心

希爾在書中說：「信心，來自於行動的累積。」當我們每天都完成小小的行動，哪怕只是五分鐘的整理、十分鐘的學習，都能讓內心的信心慢慢建立起來。

這種信心，不只是對外在成果的肯定，更是對自己「能做到」的確認。當你感受到這份踏實感，就更容易跨越下一個挑戰。

別小看一點一滴的改變

很多時候，我們容易忽略小行動的力量，總覺得必須做出劇烈的變化才算「努力」。但希爾提醒我們：「真正的改變，

從來不是一瞬間的,而是一點一滴的累積。」

當你發現自己每天都比昨天進步一點點,就不再急於求成,也更願意接受改變的節奏。這種從容和信心,就是自律最真實的樣貌。

小步驟,累積成大目標

小步驟不只是自律的開端,更是實現大目標的基礎。因為當你學會把大目標切割成每天可執行的小任務,就不再被目標壓得喘不過氣,而是一步步走向它。

拿破崙・希爾說過:「所有的大夢想,都是從一個小念頭開始的。」生活中也是如此,所有的大改變,都是從一個小步驟、一個小行動、一個小練習開始。

小步驟,讓改變變得更簡單

從今天起,給自己一個小小的挑戰:每天做一件小事,為自己更好的生活打基礎。或許它看起來不顯眼,但當你回頭看時,會發現這些小步驟已經累積成大大的成就。

拿破崙・希爾說:「成功不是一次巨大的行動,而是一連串小小行動的堅持。」現在,就讓我們從最簡單的開始,讓小步驟成為每天的習慣,讓自律變得不再遙不可及,而是每天都能實踐的生活方式。

第二章 培養自律，養成好習慣

第三節　紀律與自由並不矛盾

拿破崙・希爾在《成功定律》中強調：「自由與自律並不是互相矛盾，而是彼此依存。」這句話道出了許多人的誤解。許多人以為，自律等於限制自己，失去自由；然而，希爾提醒我們，真正的自由，正是從自律中生長出來的。

自由與紀律的真實關係

表面上看，自律好像與自由背道而馳。畢竟，許多人認為「自由」是隨心所欲、不受拘束，而「自律」卻要自我約束、嚴格要求自己。其實，希爾告訴我們，沒有自律的自由，只會變成混亂與焦慮；而有了自律，才能真正掌握自己想要的生活。

例如：當一個人有了理財自律，就不再被債務壓得喘不過氣。當一個人有了時間自律，就能在忙碌中找到屬於自己的空間。這樣的自由，是深刻而長遠的，而不是短暫的放縱。

拿破崙・希爾的智慧：自律帶來真實的自由

希爾在書中提到：「許多人以為自由是想做什麼就做什麼，但真正的自由，是有能力去做對自己有益的事情。」他

強調，真正的自由，並非任意揮霍時間或資源，而是有力量、有決心去實現對自己有意義的行動。

當一個人學會自律，他的選擇會更加清晰，行動會更有方向感。這樣的自由，不再是空泛的想像，而是實實在在的生活品質。

生活中的例子：紀律創造的自由感

1. 理財自律帶來財務自由

學會控制開支、計劃支出，看似「限制」了當下的消費欲望，卻換來長遠的安心與自由。當財務穩健，人生選擇也就更多了。

2. 時間自律帶來生活自由

當一個人懂得安排時間、排除干擾，生活會變得更有秩序。比起被雜事追著跑，更能把時間花在自己真正重視的事物上。

3. 身體自律帶來健康自由

每天運動、規律飲食，或許一開始會感覺辛苦，但長期下來，換來的是更好的體能與更高的生活品質。

第二章　培養自律，養成好習慣

為什麼紀律讓人更自由？

拿破崙‧希爾在書中說：「紀律是一種智慧的選擇，它不是剝奪，而是投資。」他把紀律比喻為人生的投資工具：表面上像是在做減法，實際上卻是在為未來加值。

當一個人願意對自己負責、願意在當下做出理智選擇，生活就會漸漸從雜亂無章變得有條不紊。這種掌控感，會帶來內心真正的平靜，也讓自由更有質感。

日常練習：從「限制」到「選擇」

想在生活中體驗紀律與自由的結合，可以從以下三點著手：

1. 找到自己的真正目標

當你清楚知道什麼對自己最重要，就會更願意為了這個目標做出取捨，而不覺得那是犧牲。

2. 把紀律當作一種自主選擇

告訴自己：我選擇早起運動，是因為我想要更健康；我選擇專注工作，是因為我想實現夢想。當「紀律」變成「我的選擇」，內心的動力就會更穩定。

3. 給自己適度的彈性

自律不代表僵化。當計畫有小變動時，學會調整，別讓完美主義綁住自己。彈性，是自律得以長久的關鍵。

紀律與自由，是雙向成長

希爾提醒我們，紀律與自由，就像一對翅膀，缺一不可。只有當兩者平衡，人生的飛翔才會更穩健。不要害怕「限制」，因為那是讓我們更好、更自由的必經之路。

每天給自己一點小小的自律練習，像是早睡十五分鐘、關掉手機專心吃飯……當這些行為變成生活的習慣，會發現：原來，自律是幫自己打開另一扇自由的窗。

從自律開始，享受自由的生活

拿破崙・希爾說：「自律是自由的守護者。」當我們明白這層關係，就不再覺得自律是負擔，而是看見它背後的力量與美好。

從今天起，試著用不同的眼光看待「紀律」。它不是冷酷的命令，而是對自己未來的溫柔承諾。當我們願意每天做一點自律的選擇，生活也會回報給我們更廣闊的自由與更深刻的平靜。

第二章　培養自律，養成好習慣

第四節　早起、運動、健康生活

拿破崙・希爾在《成功定律》中強調：「良好的習慣是邁向成功的基礎。」其中，早起、運動、維持健康的生活型態，是許多成功者的共同特質。這些看似簡單的日常行為，其實背後蘊含著強大的自律力與積極心態。

早起的魔力：為一天打下基礎

許多人以為，早起只是多出一點時間。其實，早起更代表著自我管理與規律生活的象徵。拿破崙・希爾說過：「你的一天怎麼開始，就決定了這一天的基調。」當你在清晨就做出主動的選擇，這種積極的態度會延續到整個白天。

早起的人，往往有更多時間靜下心來思考計畫，也有更多空間做自己最重要的事。無論是晨間閱讀、安排工作重點，或是運動放鬆，這些習慣都能讓生活更有秩序，也更有掌控感。

運動的價值：身心的雙重投資

拿破崙・希爾認為，健康的體魄是實現夢想的基礎。他提醒我們：「一個人的活力，決定了他能走多遠。」運動不只

是為了身材或外表,更是訓練身心堅韌的過程。

運動的過程中,能學會如何面對疲勞與挑戰,並且在流汗後感受到自我超越的喜悅。每天給自己一段運動時間,無論是散步、跑步或簡單的伸展,都是在告訴自己:「我願意投資在最重要的資產 —— 自己的身體與精神。」

健康生活:讓自律變得具體可行

希爾在書中提到:「健康的生活方式,是一切成功的基礎。」但他也強調,這不需要一開始就完美。許多人被「健康生活」四個字嚇住,以為必須完全戒掉喜歡的食物或改變所有作息。其實,關鍵是循序漸進、從小處開始。

例如:

- 調整早餐,從油炸食物換成簡單的水果或燕麥;
- 每天多喝一杯水,取代含糖飲料;
- 每週固定有幾天提早半小時上床,讓身體有足夠的休息時間。

這些微小的改變,雖然不起眼,但累積起來,就能讓身體與精神變得更健康、更有活力。

把健康習慣當作「自我承諾」

希爾提醒我們:「自律,就是對自己負責。」每天的早起、運動與健康生活,不是為了應付別人的期待,而是對自己的溫柔承諾。

當你把這些小習慣變成日常的一部分,會慢慢發現:你的體力更好、精神更充沛,對生活的期待也會更積極。這種積極的生活態度,會在不知不覺間,改變你看待挑戰與困難的方式。

健康習慣與成功心態的連結

拿破崙·希爾在書中強調,身心的健康,會影響我們的決斷力與執行力。當我們的身體有活力、情緒穩定,面對壓力與挑戰時,也更能保持清晰的思維與積極的態度。

舉例來說:

◆ 每天早起,能讓大腦在安靜時刻,思考更有深度的問題;
◆ 規律運動,能減少焦慮與壓力,讓人更有耐心;
◆ 健康的飲食,能穩定情緒,提升專注度。

這些小習慣,會一點一滴地累積成更強大的自律力,讓你在工作與生活中,走得更遠、更穩。

第四節　早起、運動、健康生活

用早起、運動與健康生活，打造自律的基礎

　　拿破崙・希爾說：「小習慣決定大成就。」從今天起，別再被「完美的健康生活」嚇住，而是從一個早起、一個十分鐘運動、一個更健康的飲食選擇開始。

　　當你每天練習，這些看似微不足道的習慣，會成為你邁向夢想的基礎。你會發現，生活不只更有活力，也更有方向；挑戰不再可怕，而是讓你不斷進步的機會。讓早起、運動與健康生活，成為每天的祝福，也成為一個更好、更堅強的自己。

第二章　培養自律，養成好習慣

第五節　記錄與反省，鞏固習慣

拿破崙・希爾在《成功定律》中說過：「成功的習慣，是由自我觀察與調整而來。」要讓自律成為生活的一部分，單靠意志力往往難以長久，關鍵在於「記錄」與「反省」。當我們把行動留下紀錄，並不斷檢視自己，才能找到不足、修正偏差，進而強化自律的根基。

記錄：讓進步被看見

希爾提醒我們：「要檢視成果，就要先讓它看得見。」生活中，很多人雖然有好習慣的起步，但總覺得看不見成果、容易失去動力。這時，記錄就扮演了關鍵角色。

例如：

◆ 想養成運動習慣？記錄每天運動的時間與感受，讓自己看見累積。
◆ 想更健康？記錄每天飲食，幫助自己保持平衡。
◆ 想專注工作？列出每天完成的任務，建立成就感。

這些看似簡單的筆記或清單，其實是自律最好的後盾。它們能提醒自己：「我正在努力，也正在一點點改變。」

反省：修正偏差，讓行動更精準

記錄之後，更重要的是反省。拿破崙・希爾說：「持續的改進，是自律的靈魂。」反省不是責怪自己，而是誠實面對，思考下一步怎麼更好。

每天花幾分鐘，問自己三個問題：

◆ 今天做得最好的事是什麼？
◆ 今天還有哪裡可以更好？
◆ 明天可以再進步一點點的地方是什麼？

這樣的練習，會讓自律從「被迫」變成「自願」，從「壓力」變成「自我挑戰」。

把記錄與反省變成習慣

希爾在書中提醒，習慣的力量是驚人的。把記錄與反省融入每天的生活，就像每天刷牙一樣自然。開始時，也許需要刻意提醒；久而久之，會成為日常生活的一部分。

你可以：

◆ 在手機或筆記本上，留一個專屬的「日常檢視頁」；
◆ 睡前五分鐘，快速寫下今天的觀察與明天的小目標；
◆ 每週安排一次深入的反省時光，檢視這週的改變與學習。

第二章　培養自律，養成好習慣

這些簡單的舉動，會讓你的自律越來越穩固，也更能持續下去。

為什麼記錄與反省會讓自律更長久？

拿破崙・希爾指出：「人最容易欺騙的，不是別人，而是自己。」我們常會放過自己的偷懶，或合理化失敗的藉口。透過記錄與反省，等於讓自己更誠實，也更勇敢面對現實。

更重要的是，這些過程會強化內在的成就感。當你發現自己每天都有一點點進步，哪怕再小，也會更有信心持續前行。

從記錄開始，讓自律成為日常

拿破崙・希爾說得好：「要改變世界，先從改變自己開始。」而改變自己，從每天的記錄與反省開始。別小看這些微小的筆記，它們是你堅持自律、迎接挑戰的證明。

從今天起，給自己一枝筆、一個檔案，寫下那些微不足道的小改變。當你回頭看時，會發現這些筆跡，已經構築出一個更堅定、更自律、也更自由的自己。

第六節　設計環境，幫助自律

拿破崙‧希爾在《成功定律》中提到：「環境是思想的土壤，影響著我們的行動與態度。」這句話提醒我們，雖然自律看似只靠個人意志，但實際上，環境對於養成自律有著決定性的影響。

為什麼環境能影響自律？

當生活環境雜亂、充滿誘惑，我們要保持專注與紀律就更困難。希爾說：「一個積極的心態，離不開一個支持它的環境。」換句話說，當環境能支持我們的行動，會讓自律變得更自然、更輕鬆。

例如：

- 如果想要培養閱讀習慣，家中是否有安靜且光線良好的閱讀角落？
- 想早睡早起，是否應該調整手機通知與娛樂內容的干擾？
- 想專注工作，是否能把工作空間整理乾淨，減少雜亂分心？

這些看似細微的環境因素，實際上對自律有著巨大的影響力。

第二章　培養自律，養成好習慣

如何設計支持自律的環境？

1. 減少誘惑，移除障礙

想少滑手機？把手機放在看不見的地方，或設置專門的休息時間。想控制飲食？不要把高熱量零食放在隨手可拿的地方。透過這樣的小設計，減少即時的誘惑，讓好習慣更容易實踐。

2. 讓好習慣更方便

想運動？前一晚就把運動服裝備好。想早起？把鬧鐘放遠一點，讓自己非得起床去關。當好習慣的「起步門檻」更低，就更容易開始。

3. 營造積極的氛圍

周遭的人和氛圍，也會影響我們的行動力。希爾建議：「多跟積極、自律的人互動，會讓自己更有動力堅持。」找一些正向的朋友，或加入支持成長的社群，都能讓自律更輕鬆。

讓環境成為自律的助力，而非阻力

希爾提醒我們：「人是環境的產物，但更是環境的創造者。」我們不能控制所有外在環境，但能有意識地調整可控

制的部分。這種主動改變的行為,會讓自己更有掌控感,也更有動力。

例如:

- ◆ 想更專注?就把常用的社群 App 移除或關閉通知。
- ◆ 想飲食更健康?就把冰箱裡的零食換成水果與堅果。
- ◆ 想早起?就提早把隔天的行程表與目標寫好,讓早晨更有方向。

生活中的小小環境微調

有時候,我們以為自律就是拚命地「抗拒誘惑」,其實更有效的方法,是讓自己不必一直與誘惑正面交鋒。透過「環境微調」:

- ◆ 把該做的事擺到最顯眼的位置,讓它變得自然而然;
- ◆ 把會分心的事藏起來,讓它不再干擾自己。

當環境支持了你的自律行動,習慣就會更穩定,壓力也會更小。

第二章　培養自律，養成好習慣

用環境設計，讓自律成為習慣

　　拿破崙・希爾說得好：「成功是有計畫的自律，環境是這個計畫的推手。」從今天起，觀察自己的生活空間，試著做一點點微調，讓環境變成你的助力，而不是阻力。

　　當你發現，每一個自律的習慣，背後都有環境的影響力，會更有動力從小處開始改變。用環境設計，為自律搭建最好的舞臺，讓每一天都更接近你理想的自己。

第七節　擺脫拖延，從今天開始

拿破崙‧希爾在《成功定律》中說：「拖延，是夢想的最大殺手。」這句話一語道破了許多人失敗或停滯的原因：明明知道該做什麼，卻總是「明天再說」。然而，人生中最寶貴的資產，就是當下的行動力。唯有從今天開始，才能真正改變未來。

為什麼我們會拖延？

拖延，看似只是「懶」，其實背後往往藏著恐懼、完美主義或缺乏目標感。拿破崙‧希爾提醒我們：「人們拖延，常因為害怕犯錯，或覺得自己還沒準備好。」但他也告訴我們，沒有任何準備是完美的，只有在行動中不斷修正，才能逐步接近理想。

從小行動開始，擊破拖延的習慣

很多人以為，要克服拖延，就必須立下龐大的計畫、一次做出巨大改變。其實，最有效的方式，反而是從最簡單、最小的行動開始。

◆　想整理房間？先收拾桌面上的一個小角落。

第二章　培養自律，養成好習慣

- 想運動？先從伸展五分鐘開始。
- 想學習？先看一頁書或一篇短文。

當你行動的門檻降低，拖延的藉口就少了一分，行動就更自然發生。

打破「完美主義」的陷阱

希爾指出：「想等到完美才開始的人，永遠都無法開始。」完美主義讓人對行動產生恐懼，因為害怕做得不夠好，乾脆什麼都不做。

解決辦法，就是告訴自己：「現在的行動，不必完美，只要比昨天多一點點就好。」允許自己犯錯，允許一開始做得不完美，反而能讓行動的壓力大幅降低，真正踏出第一步。

建立「今天就開始」的行動信念

拿破崙・希爾在書中說：「改變，從不在明天，而是在今天。」每天，當你發現自己又想說「明天再做」時，馬上告訴自己：「我現在就做一點點。」

每天多一點行動，會累積成習慣；每天少一次拖延，會累積成信心。這些看似不起眼的小行動，會在潛移默化中，成為改變的種子。

拖延背後的自我對話

面對拖延時，不妨花幾分鐘，誠實問自己：

◆ 我在害怕什麼？
◆ 我現在能做什麼小小的行動？
◆ 這個行動會讓我更接近什麼樣的自己？

拿破崙·希爾提醒我們：「行動帶來自信，拖延只會削弱意志。」當我們練習和自己的恐懼對話，並從小處著手，就能讓行動變得更踏實、更有力量。

用環境幫助自己動起來

還記得前面提到的「設計環境」嗎？面對拖延，也可以善用環境的力量：

◆ 把工作材料放在隨手可及的地方；
◆ 關掉容易分心的手機通知；
◆ 創造一個安靜且乾淨的工作角落。

這些小小的調整，會讓「開始行動」變得更簡單。

第二章 培養自律，養成好習慣

從今天起，行動就是最好的禮物

　　拿破崙・希爾說：「世界上最有力量的人，是那些願意馬上行動的人。」拖延看似無害，卻慢慢磨掉了我們的夢想與熱情。從今天開始，別再告訴自己「明天再做」，而是告訴自己：「我願意從今天開始，哪怕只是一點點。」

　　因為只要開始了，就已經超越了過去的自己。從今天起，讓行動成為最好的禮物，讓自律在每一個小小的開始中，慢慢開出改變的花朵。

第八節　自律帶來的成就感

拿破崙・希爾在《成功定律》中說過：「自律不只是成功的起點，也是收穫滿足與自信的關鍵。」許多人對自律的印象總是嚴格與壓力，但其實，自律背後蘊藏著一種深層的快樂——成就感。當我們一次次完成自己訂下的小目標，內心的自信與滿足就會不斷累積。

自律與成就感的密切關係

生活中，你是否有過這樣的經驗：

- 結束一天的工作，發現所有待辦事項都完成了，心裡無比踏實；
- 堅持一週早起運動，看到體力和精神都明顯進步，心裡有種說不出的喜悅；
- 學習一個新技能，雖然過程不容易，但終於跨越門檻，心裡湧現滿滿的成就感。

這些瞬間，正是自律帶給我們最真實的禮物。拿破崙・希爾提醒：「當你培養自律，你不只是控制外在的行動，更是在內在世界建構一座堅強的城堡。」

第二章　培養自律，養成好習慣

小小成就，累積大大自信

許多人以為，只有達到宏大的目標，才會有成就感。但希爾強調，成就感的來源，是每天那些小小的、自我約定的完成。

例如：

- 今天多喝了一杯水，少吃一包零食；
- 今天專注工作一小時，不分心；
- 今天晚上提早十分鐘入睡。

這些看似微不足道的小步驟，其實每一步都在向內心傳遞：「我做得到。」這種肯定與信任，會讓自律從「壓力」變成「動力」。

自律成就感的正向循環

希爾在書中說：「當一個人感受到成就感，他會更有動力去面對下一個挑戰。」這是一個正向循環：

自律→完成小目標→體驗成就感→建立信心→促進下一次自律的行動

當這個循環形成，自律就不再是「硬撐」，而是一種生活的自然節奏。

面對自律的挑戰,別忘了肯定自己

在實踐自律的過程中,我們難免遇到挫折:可能會偷懶、可能會三天打魚兩天晒網。希爾提醒我們,關鍵不是一開始就完美,而是是否願意在每一次失敗後,依然看見自己的努力。

給自己一些空間,告訴自己:「我還在學習。」當你願意肯定每一個小小的進步,內心的成就感就會一點一滴地滋長。

成就感,讓生活更有滋味

拿破崙・希爾強調,生活的意義,並不在於一夜之間達到頂峰,而是每天都能為自己多做一點點,並且在這些小小的行動中,找到屬於自己的光芒。

自律所帶來的成就感,正是這種「自我確認」的光芒:

- ◆ 讓我們在日常瑣事中,找到價值感;
- ◆ 讓我們在挑戰中,找到成長的踏實;
- ◆ 讓我們在面對未知時,保持堅定的信念。

讓自律成就更好的自己

拿破崙‧希爾說得好:「行動帶來力量,自律帶來滿足。」從今天起,別再把自律當成枷鎖,而是看作成就感的泉源。當你一次次完成那些小目標,無論多小,請給自己一個微笑,告訴自己:「我在成長。」

這種感覺,會讓你一天比一天更有信心,也會讓你的人生,充滿更多踏實的喜悅。讓自律成為生活的一部分,讓成就感成為每天的動力來源,慢慢地,你會發現:自己比想像中更強大、更有力量。

第九節　自律是對自己的承諾

拿破崙‧希爾在《成功定律》中說過:「自律,是真正對自己許下的承諾。」這句話提醒我們,自律從來不是為了取悅別人,而是對自己最真誠、最重要的承諾。當我們能夠理解這一點,自律不再是壓力,而是自我實現與愛的象徵。

自律是自我尊重的體現

許多人以為,自律是外在的規範:上班準時打卡、別人要求的標準。其實,真正的自律,來自內心深處對自己的尊重。當你告訴自己:「我想成為更好的自己」,你就會用行動去證明這份想法,而自律就是那道橋梁。

希爾指出:「自律,是讓夢想有機會變成現實的承諾。」這種內心的約定,讓我們不被欲望與拖延支配,讓我們在人生的路上走得更穩。

自律的承諾,帶來安心與自信

當你對自己說:「我願意每天花十分鐘閱讀」,並且真的做到,這看似簡單的承諾,卻能帶來深深的滿足與踏實感。因為你在行動中,告訴自己:「我說到做到。」

這樣的承諾，會讓你更相信自己。希爾強調：「一個人若無法信任自己，就無法讓別人信任他。」自律的承諾，先讓自己成為自己最可靠的依靠。

小小的承諾，創造持久的改變

許多人想改變，卻總覺得遙不可及。希爾提醒我們，改變不是一口氣完成，而是每天的小小承諾，累積成大大的成長。

例如：

- 每天運動十五分鐘，是對健康的承諾；
- 每天晚上提前半小時上床，是對身體的溫柔；
- 每天早上寫下一個感恩的理由，是對內心的滋養。

這些小小的承諾，看似微不足道，但日復一日，就會讓生活變得更有秩序，也讓自己更有力量。

用行動守護承諾

拿破崙・希爾提醒我們，承諾的價值，不在於說出來有多麼雄偉，而是有沒有用行動去實現。每一次你選擇行動，都是在告訴自己：「我值得被尊重，我的夢想值得被實現。」

第九節　自律是對自己的承諾

當行動成為習慣，承諾也就不再只是口號，而是每天都在累積的真實成果。

對自己負責，讓生活更豐盛

拿破崙・希爾說得好：「人生最重要的契約，就是你對自己的契約。」從今天起，試著把自律看成是對自己的承諾，而不是外在的壓力。

當你每天堅持一點點，告訴自己：「我做得到，我值得更好的生活」，你會發現，這份承諾帶來的不只是外在的改變，更是內心深處那份踏實與自信。

讓我們一起，從自律開始，守住對自己的承諾，成就一個更真誠、更完整的自己。

第二章 培養自律，養成好習慣

第三章
找到熱情，點燃行動力

第三章　找到熱情，點燃行動力

第一節　熱情是人生的燃料

　　拿破崙・希爾在《成功定律》中說過：「熱情，是讓思想變為行動的引擎。」這句話提醒我們，無論夢想多宏大、目標多清晰，若沒有熱情的推動，終將停在空想的階段。熱情，正是讓人生有溫度、有方向的燃料。

熱情：點燃行動的火種

　　許多人總以為，熱情是天生的天賦，或只有在特別的時刻才會出現。但希爾告訴我們：「熱情不是偶然的運氣，而是一種內在的決心與信念。」當一個人真心投入在自己熱愛的事物中，熱情就會自然而然地被點燃。

　　想想看，當你全心全意投入在某件事時，是不是覺得時間飛快、心裡滿是動力？這正是熱情在發揮作用。它能把平凡的行動，變成充滿能量的持續實踐。

熱情讓人生有意義

　　拿破崙・希爾提醒我們：「熱情讓人生不再只是生存，而是活出意義。」當我們擁有熱情，工作不再只是責任，而是讓自己成就與付出的舞臺；生活不再只是重複，而是充滿好

奇與新鮮感。

熱情會讓我們在遇到困難時，仍願意堅持；在遇到挫折時，仍能看見希望。它是面對挑戰時的韌性，也是生活中不斷探索與學習的動力。

熱情不是盲目的衝動

很多人誤以為，熱情只是短暫的興奮或衝動。希爾告訴我們：「真正的熱情，源自於對目標的深刻認同與持續的行動。」熱情不只是激情的開始，更是讓人持續向前的力量。

這意味著，熱情需要與行動結合，才能發揮最大的價值。當你願意在每一天的小小步驟中，投入熱情，就等於為夢想注入源源不絕的能量。

培養熱情的起點：找到內在的理由

希爾在書中提醒：「熱情是目標的催化劑。」要找到持久的熱情，必須先問自己：

- 我為什麼想做這件事？
- 這件事能為我或別人帶來什麼改變？
- 我是否願意用時間和行動去證明這個選擇？

第三章　找到熱情，點燃行動力

當這些問題有了答案，熱情就不再是虛幻的幻想，而是能量滿滿的燃料。

熱情，是最寶貴的燃料

拿破崙‧希爾說得好：「世界上最珍貴的，不是黃金與財富，而是願意點燃內心熱情的力量。」從今天起，別再把熱情當成可有可無的奢侈品。它是人生最真實的燃料，是讓平凡生活閃爍光芒的關鍵。

給自己一個機會，找回那些讓心發亮的事。當熱情與行動結合，你會發現：原來最有力量的自己，就藏在那份熱愛裡。

第二節　找到讓自己眼睛發亮的事

拿破崙・希爾在《成功定律》中說：「成功從不是偶然，而是從一個讓人眼睛發亮的想法開始。」在這個快速變化的時代，找到能讓自己心動、願意投入的事，成為每個人不可或缺的內在引擎。因為，唯有真正熱愛，才能持續前行。

什麼是讓自己眼睛發亮的事？

當你提到某個話題或行動，眼睛立刻發出光芒、心裡充滿期待，那就是熱情的起點。希爾告訴我們：「真正的熱情，不是別人告訴你的，而是自己內心自然湧現的渴望。」這種渴望，不是短暫的好奇，而是讓人願意多花時間、付出努力，甚至克服困難也甘之如飴。

如何找到屬於自己的熱情源頭？

1. 回想小時候的熱愛

小時候，什麼事能讓你沉浸其中？那往往是最純粹的線索。

第三章　找到熱情，點燃行動力

2. 觀察現在的投入感

當生活中有些事，讓你不自覺地花更多時間、感覺特別有趣，別忽略這些線索。

3. 傾聽內心的聲音

安靜下來，問問自己：什麼樣的事情，能讓我覺得每天都有意義？

拿破崙・希爾提醒我們：「找到內在的熱情，是成功之路的開端。」

不用急著找「最大熱情」，先從「小確幸」開始

許多人給自己太大壓力，覺得必須找到「唯一的熱情」。其實，熱情往往在日常的累積中浮現。

- 喜歡和人交流？也許你適合做能幫助別人的事。
- 喜歡動手實作？也許創作型的工作最適合你。
- 喜歡學習新知？也許探索未知會成為你的強項。

從一點點的好奇與興趣開始，慢慢地，會發現那個真正能讓自己眼睛發亮的方向。

找到熱情的好處：行動不再只是義務

當我們找到真正的熱情，行動不再只是「應該做的事」，而是「我想做的事」。這種從內心湧出的動力，會讓人更堅持、更投入。

拿破崙・希爾說：「熱情能把普通的人，變成不平凡的人。」找到自己的熱情，不只是找到職業的方向，更是找到讓人生充滿意義的源泉。

給自己機會，讓眼睛發亮

從今天起，給自己一點空間與時間，去探索那些能讓自己眼睛發亮的事。不要害怕慢慢摸索，因為拿破崙・希爾提醒我們：「真正的熱情，來自一次次的嘗試與感受。」

當你找到那個能讓你全心投入的方向，生活就不再只是日復一日的重複，而是變成一次又一次，充滿希望與力量的旅程。

第三章　找到熱情，點燃行動力

第三節
熱情不是幻想，是實際行動

拿破崙・希爾在《成功定律》中說過：「熱情，若不轉化為行動，就只是空想。」這句話提醒我們，熱情絕不是停留在內心的激動或口頭的宣言，而是要落實到每天的具體行動裡。

為什麼熱情需要行動？

許多人會在心裡幻想：「如果我做我喜歡的事，就一定會成功！」然而，希爾提醒我們，真正的熱情，必須經得起日常生活的磨練。當你願意把熱情付諸實際行動，才能從夢想到現實，從空想家變成實踐家。

舉例來說：

- 喜歡寫作，就從每天寫一段文字開始，而不只是想像自己有天成為作家；
- 喜歡健身，就從每天的運動計畫開始，而不是只停留在想像好身材的畫面；
- 喜歡幫助別人，就從每天真誠的付出與服務開始，而不是只說「我很想幫助別人」。

行動，才能讓熱情發光

拿破崙・希爾說：「熱情透過行動，才能真正被點燃。」行動讓熱情不再只是短暫的興奮，而是一種長久而穩定的力量。每一次的行動，都像是在給熱情添加柴火，讓它燒得更久、更旺。

即使一開始的行動很小，也比空想更有力量。因為行動會帶來經驗、帶來調整，也帶來面對困難時的堅持。

熱情與行動，缺一不可

有些人有行動力，卻沒有熱情；也有些人熱情滿滿，卻遲遲不行動。希爾告訴我們，只有當熱情與行動結合，才是成功的關鍵組合。熱情給予我們方向，行動讓我們實現方向。

日常的行動練習

如何把熱情轉化為行動？可以從以下小步驟開始：

1. 每天規劃與熱情相關的小任務

無論再小，持續完成，就能感受到踏實的進步。

2. 記錄行動的點滴

拿破崙・希爾說：「記錄，是對熱情的承諾。」透過日記或備忘錄，把每天的行動記下來。

3. 接受過程中的不完美

行動初期，或許會不順，但別因挫折放棄。每次行動，都是給熱情一個出口。

用行動澆灌熱情的花朵

從今天起，別再讓熱情只是想像的藍圖。拿破崙・希爾說：「成功者，都是把熱情化為行動的人。」當你開始動手做，無論多小，都是在告訴自己：「我願意把夢想變成真實。」

讓我們一起練習，從小小的行動開始，給熱情一個被實現的機會。你會發現，當熱情轉化為每天的步伐，生活也會隨之開出更美麗的花朵。

第四節　生活中發現更多興趣

拿破崙・希爾在《成功定律》中說過:「生命的價值,來自於你願意用好奇心去探索生活的每個角落。」希爾提醒我們,熱情並非與生俱來,而是從生活中的點滴興趣開始培養。當我們願意敞開心胸,去嘗試、去發現,熱情就會在日常的累積中自然綻放。

興趣是熱情的種子

許多人以為,熱情必須是人生中最重大的目標,像是偉大的夢想或職業方向。然而,希爾告訴我們:「熱情的種子,藏在生活中的每個小細節裡。」從日常的小小喜好開始,你會發現,興趣是一扇門,帶你走向更廣闊的世界。

舉例來說:

- 喜歡烹飪的人,會因為料理而對食材產生新的認識;
- 喜歡園藝的人,會在照顧花草時感受到生命的活力;
- 喜歡閱讀的人,會在書中的文字裡找到新的想像與啟發。

這些看似日常的興趣,就是熱情的起點。

第三章　找到熱情，點燃行動力

別小看生活中的小小興趣

有時候，我們太執著於「找到唯一的熱情」，而忽略了生活中的小小興趣。希爾提醒：「不要因為它小，就看輕它；不要因為它不是夢想，就忽略它。」

生活中的興趣，會讓我們保持好奇心，讓生活更有滋味。當你在日常的體驗中，發現更多有趣的事，生活就不再只是工作與責任，而是一個充滿驚喜與樂趣的旅程。

培養興趣的日常練習

如何在生活中發現更多興趣？以下是幾個簡單的做法：

1. 多嘗試新事物

別害怕「不會」，試試看新的活動、新的知識。即使只是短暫的接觸，也能開啟新的好奇心。

2. 放下對完美的追求

興趣不是表現，而是享受。不要急著要做得多好，先讓自己去感受、去體驗。

3. 和不同的人互動

人際交流能帶來新想法與新視野。多和別人分享你的興趣，也聆聽他們的熱情故事，互相啟發。

興趣會點亮生活，也培養自律

拿破崙・希爾提醒我們，當生活中有更多讓人期待的事情，就更容易培養自律的習慣。因為當你每天都有一些自己熱愛的小事，就會更有動力去安排時間、做好規劃，讓日子過得更有價值。

在生活裡，找回好奇的自己

從今天起，告訴自己：熱情不一定是壯麗的夢想，它也可以是日常的小小樂趣。拿破崙・希爾說：「熱情是一點一滴生活中的發現與累積。」當你在生活中不斷發現有趣的事，熱情就會慢慢成長，讓你的人生更有溫度、更有深度。

不要讓日子只剩下責任，讓興趣的種子，成為你每天期待的理由。慢慢地，這些興趣會聚成一股熱情的洪流，推動你向更豐富、更有意義的人生前進。

第三章　找到熱情，點燃行動力

第五節　把熱情帶進工作和生活

拿破崙・希爾在《成功定律》中說過：「把熱情融入你的工作與生活，世界就會回報給你更多可能。」這句話提醒我們，熱情不是只屬於夢想或閒暇時間，而是應該成為我們每天面對生活與工作的核心動力。

熱情不是奢侈品，而是日常的必需品

很多人總覺得，只有當工作與興趣完美結合，才會有熱情。事實上，希爾告訴我們，熱情可以是我們面對每一件事的態度。無論工作是否完全符合興趣，熱情都能讓我們在日常中找到意義與樂趣。

例如：

◆ 在工作中，主動學習與成長，把每個挑戰當作學習的機會；
◆ 在生活中，找回讓自己心動的小小興趣，調劑忙碌的節奏。

當熱情成為日常態度，工作與生活都會變得更有溫度。

熱情能提升工作的品質與意義

拿破崙・希爾說:「熱情的人,會把平凡的事做得不平凡。」當我們把熱情帶進工作,不僅讓自己更投入,也會讓工作成果更好。因為當你在做一件事時,心中有了熱情,就會更細心、更有創意。

這種態度,不只是為了升遷或成就,更是讓自己在每一天都能活得更踏實、更有自信。

在生活中找回熱情的平衡

希爾也提醒我們,熱情不只屬於工作,更屬於生活的每個片段。學會在生活裡,找到那些讓自己眼睛發亮的時刻。

- ◆ 一次簡單的烹飪,讓你感受到創作的樂趣;
- ◆ 一次散步或運動,讓你重新感受到身體的活力;
- ◆ 和家人朋友的相處時光,讓你發現被愛與愛人的溫暖。

這些看似微不足道的時刻,其實都是熱情的滋養劑。

讓熱情成為每天的陪伴

拿破崙・希爾說得好:「世界的改變,從來不是靠外在條件,而是來自你內心的熱情。」當你願意每天在工作與生活

第三章 找到熱情，點燃行動力

裡，帶著熱情去面對一切，挑戰不再只是壓力，生活也不再只是責任。

從今天起，問問自己：今天，什麼事能讓我帶著熱情去做？哪怕只是一個微小的行動，都能成為你生活中最真實的火花。

把熱情帶進工作，把熱情帶進生活。讓它成為你每天的陪伴與動力，慢慢地，這些熱情的火苗，會點亮你的人生，照亮前行的每一步。

第六節　熱情讓困難變得輕鬆

拿破崙‧希爾在《成功定律》中提醒我們：「面對困難時，熱情是最好的武器。」生活中總是充滿挑戰與變數，面對壓力與挫折，有時會讓人心生畏懼或感到疲憊。然而，熱情能像一股溫暖的力量，幫助我們在困難面前仍能保持微笑、保持前進的勇氣。

熱情改變我們看待困難的態度

希爾說：「熱情是讓一個人願意多走一里路的動力。」當我們對一件事充滿熱情，挑戰就不再只是障礙，而是學習與成長的機會。

想像一下：

- 當你對工作充滿熱情，再複雜的專案，也能讓你找到完成的樂趣；
- 當你對學習充滿熱情，再難的知識，也會讓你想要一探究竟；
- 當你對生活充滿熱情，再小的瑣事，也會因為投入而變得有意義。

第三章 找到熱情,點燃行動力

熱情不會讓困難消失,但能讓我們用不同的眼光去看待它,並以更積極的態度去應對。

熱情給我們的力量

拿破崙・希爾強調,熱情能讓人更有毅力、更有彈性。當你投入熱情時:

- ◆ 你會更專注,因為心裡有了想要完成的渴望;
- ◆ 你會更有耐心,因為知道每一步都值得;
- ◆ 你會更願意學習,因為熱情讓好奇心保持鮮活。

這些都是面對困難時最珍貴的資產。

如何在挑戰中保持熱情?

1. 把困難視為熱情的試煉

告訴自己:「這是熱情的磨練,也是我成長的契機。」這樣的自我暗示,能減少挫折感。

2. 從小成功中找到信心

面對挑戰時,別只看最終目標,也要欣賞每個小小的進步。這會讓熱情更持久,動力更穩定。

3. 與正向的人互動

熱情會被分享與共鳴放大。和積極的人在一起，能讓你在困難時更容易保持熱情。

用熱情跨越每一道障礙

拿破崙·希爾說得好：「困難是熱情的試金石。」當你願意帶著熱情面對挑戰，困難就不再是壓力，而是生活的精采篇章。從今天起，提醒自己：無論前方有多難，熱情會讓你走得更穩，也更快樂。

困難不會因熱情而消失，但熱情會讓你更有力量去跨越每一道障礙，迎接屬於自己的光明未來。

第三章　找到熱情，點燃行動力

第七節　和有熱情的人在一起

拿破崙・希爾在《成功定律》中說過：「人際環境，是心態的鏡子。」他強調，和誰相處，決定了你面對世界的態度。當我們希望保持熱情、點燃行動力，最好的方式之一，就是和同樣充滿熱情的人在一起。

熱情是會傳染的

希爾告訴我們：「熱情像火種，能把冰冷的心重新點燃。」一個積極熱情的人，總能帶動周圍的氛圍，讓平淡的生活多一分溫暖，也讓艱難的挑戰多一分勇氣。

想想看：

- 和熱愛自己工作的人聊一聊，你會被他的專注和自信感染；
- 和喜歡學習的人一起，你會發現求知也能是一種樂趣；
- 和總是對生活充滿好奇的人在一起，你會發現世界有無限種可能。

這些看似簡單的互動，會在不知不覺間，讓我們的心態更積極，視野更開闊。

第七節　和有熱情的人在一起

共同的熱情，帶來支持與力量

當你找到一群和你一樣熱情的人，無論是在學習、工作還是生活中，都能獲得更多支持與力量。希爾說：「成功從不孤單，它總是在人與人之間共鳴與共鳴中誕生。」

- 在困難時，有人會提醒你：「別忘了你的熱情！」
- 在迷惘時，有人會陪你一起回顧初衷，找回最真實的自己；
- 在成功時，有人能與你分享喜悅，讓快樂加倍。

這種群體的能量，能讓熱情更加穩固，也更有持久力。

創造積極的人際圈

如何讓自己有更多熱情的夥伴？

1. 主動認識積極的人

參加分享會、學習社群，或是關注那些讓你覺得被激勵的朋友。

2. 分享自己的熱情

你願意打開自己，別人也更願意和你互動。分享自己的想法與學習，會吸引志同道合的人靠近。

3. 學會欣賞他人的熱情

不要把比較當作壓力,而是當作學習與啟發。熱情不是競爭,而是互相點燃的火花。

和熱情的人同行,讓生活更有力量

拿破崙・希爾說得好:「想要成功,就靠近那些有熱情的人。」從今天起,試著調整你的人際圈,讓積極的人成為你的夥伴。當你和他們一起前行,會發現:熱情不只是個人的燃料,更是能被分享、被傳遞的溫暖。

讓我們在彼此的熱情中,找到更堅定的力量,走出屬於自己的精采旅程。

第八節　熱情需要呵護和保養

拿破崙·希爾在《成功定律》中說過：「熱情，就像一團火，必須時時添柴，才不會熄滅。」熱情不是一成不變的，它需要我們用心呵護、細心照顧，才能持續燃燒，成為前進的力量。

熱情不是一夜之間消失的

許多人在追尋夢想的路上，常會感到熱情漸漸消退。並不是因為夢想變了，而是因為我們沒有好好照顧它。希爾提醒我們：「熱情需要耐心，需要與生活結合。」如果每天都只讓工作和生活瑣事填滿內心，熱情就容易被忽略，漸漸變得微弱。

如何讓熱情保持旺盛？

1. 留給熱情一些空間

不要讓生活永遠被忙碌填滿。每天抽出一些時間，做自己熱愛的事，哪怕只有十分鐘，都是在為熱情注入新的能量。

2. 持續學習與探索

熱情來自新鮮感。當我們願意嘗試新的做法、學習新的知識，會發現對原本熱愛的事物又重新燃起熱情。

3. 定期休息，讓自己充電

熱情不代表永遠不累。希爾告訴我們，適度的放鬆與休息，會讓我們在回歸時更有力量。

熱情的低潮，也是成長的養分

有時候，我們會遇到對原本熱愛的事感到厭倦的時候。這並不意味著熱情消失了，而是提醒我們：是時候用不同的方式重新連結，或者調整自己的步調。

拿破崙‧希爾說：「真正的熱情，經得起低潮，也能在平淡中找到新生。」用這樣的態度，才能讓熱情走得更遠、更深。

小小的行動，呵護熱情的種子

(1) 每週給自己一個「熱情時光」：不為工作、不為功利，只為自己。

(2) 寫下讓自己感到滿足與快樂的時刻，提醒自己熱情的來源。

(3) 給自己一點彈性，允許偶爾的不完美，別因小小挫折就熄滅熱情的火苗。

像愛一朵花一樣,照顧熱情

拿破崙‧希爾說得好:「熱情是你最珍貴的資產。」從今天起,學會溫柔地對待它。就像澆灌一朵花,需要陽光、水與耐心,熱情也需要我們的用心呵護。

當你願意在生活中為熱情保留一個角落,它就會在日復一日的陪伴中,長成你面對一切挑戰時最堅強的後盾。讓熱情成為你每天的禮物,也成為點亮人生的一道光芒。

第三章 找到熱情，點燃行動力

第九節　別讓懷疑澆熄熱情

拿破崙・希爾在《成功定律》中說過：「最大的障礙，不是外在的阻礙，而是內心的懷疑。」熱情就像一團溫暖的火焰，但內心的懷疑就像無情的水，時時刻刻可能澆熄這團火。要讓熱情持續燃燒，第一步就是學會面對並超越這些懷疑。

懷疑，源自於內心的恐懼

懷疑常常是因為害怕：

- 害怕失敗，怕自己做不到；
- 害怕別人眼光，怕被嘲笑或否定；
- 害怕努力沒結果，怕一切付出只是浪費。

拿破崙・希爾提醒我們：「恐懼與懷疑，是熱情最大的敵人。」如果任由這些想法盤踞心中，最終會讓我們停下腳步，甚至放棄自己的熱情。

用行動打破懷疑

希爾告訴我們，打敗懷疑最好的方式不是空想，而是行動。每一次行動，都能讓我們對自己的能力更有信心。

◆ 每次完成一件小事,都是在告訴自己:「我做得到。」
◆ 每次堅持一個小小目標,都是在練習相信自己的力量。

當我們把焦點從「我能不能做到」轉向「我先做做看」,懷疑就會慢慢退去,熱情會在行動中再次被點燃。

與支持你的人同行

別讓自己的懷疑被無限放大。希爾提醒我們:「熱情需要正向的環境灌溉。」當你身邊有支持你、願意鼓勵你的人,這股溫暖的力量會減弱懷疑的聲音。

◆ 和願意傾聽的朋友聊聊你的擔憂;
◆ 參加正向的社群,讓彼此的故事成為彼此的力量。

在這樣的氛圍中,你會發現,原來自己的熱情是如此珍貴,值得被好好守護。

相信熱情,就是相信自己

拿破崙·希爾說:「相信自己的熱情,就是相信自己的無限可能。」當你願意相信那團讓你眼睛發亮的火苗,不管遇到多少風雨,都不會輕易被澆熄。

第三章　找到熱情，點燃行動力

每天提醒自己：

- 我的熱情，是我面對挑戰的勇氣；
- 我的熱情，是我不斷成長的動力；
- 我的熱情，值得我用行動去呵護。

用信念讓熱情持續燃燒

從今天起，別再讓懷疑在心裡占據太多空間。拿破崙・希爾說得好：「真正的力量，來自內心對自己的信念。」當你選擇相信自己的熱情，它就不只是短暫的火花，而會成為照亮未來的燈塔。

懷疑或許會出現，但記住 ── 它永遠無法澆熄一顆願意相信、願意堅持的心。讓熱情成為每天的信仰，照亮屬於你自己的路。

第十節　熱情是一生的禮物

拿破崙・希爾在《成功定律》中說：「熱情，是生命中最寶貴的財富，它能讓平凡的日子閃耀光芒。」熱情不是短暫的情緒，也不是隨波逐流的流行，而是一份真正屬於自己、能陪伴一生的禮物。

為什麼熱情是人生最珍貴的禮物？

希爾提醒我們，熱情是推動力，是面對挑戰時的堅持。當我們擁有熱情，無論走到哪裡，內心都能保持溫暖、勇敢而真實。熱情能讓人看見目標，也能讓人享受過程。

- 它讓你在平凡的工作中，找到投入與意義；
- 它讓你在單調的生活中，找到小確幸與喜悅；
- 它讓你在人生的轉折點，仍能堅持走自己的路。

這樣的熱情，會在生命的每一個階段，成為推動你不斷成長的力量。

熱情會隨著歲月更深厚

熱情不是一時的衝動,而是隨著經驗與智慧累積而愈發深厚。拿破崙‧希爾說:「真正的熱情,能在時間裡不斷發酵,讓人變得更加篤定與寬容。」

年輕時,熱情可能是對未知的渴望;中年時,熱情可能是對家人的守護與投入;年老時,熱情可能是對生活的從容與感恩。無論在哪個階段,熱情都會以不同的面貌,讓我們活得更真誠、更充實。

如何守護這份終生的禮物?

1. 記得熱情的初心

無論再忙、再累,都別忘了當初讓你心動的理由。希爾說:「把初心放在心上,才能走得更遠。」

2. 用行動滋養熱情

每天做一點讓自己開心的事,哪怕只是小小的興趣,都能讓熱情保持新鮮感。

3. 分享與傳遞

和別人分享你的熱情,會讓它在交流與共鳴中越來越強大。熱情不是私藏的寶藏,而是能讓世界更溫暖的禮物。

第十節 熱情是一生的禮物

讓熱情陪伴你，走過每一段路

拿破崙‧希爾說得好：「熱情是生命最美的禮物，它能跨越時空，照亮前行的路。」從今天起，珍惜並守護這份熱情，讓它成為你每天的動力，讓它成為每個平凡日子裡最不凡的光。

別讓世界的忙碌或別人的眼光澆熄你的火花。熱情是你對自己的承諾，也是你能送給世界最真誠的禮物。讓熱情陪你，走過生命的每一個春夏秋冬，讓人生的旅程充滿更多的色彩與溫暖。

第三章　找到熱情,點燃行動力

第四章
發揮創意，讓問題有解方

第四章　發揮創意，讓問題有解方

第一節
創意不是天生的，是練出來的

拿破崙・希爾在《成功定律》中說過：「任何能力都不是與生俱來，而是靠著持續練習與行動培養出來的。」許多人總以為，創意是某些天才的專利，或是幸運的靈光乍現。然而，希爾提醒我們，真正的創意來自日常的鍛鍊與好奇心的累積。

破解「創意是天生的」迷思

「我不是有創意的人」、「我天生就缺少靈感」──這是很多人的心聲。其實，拿破崙・希爾強調，創意和肌肉一樣，可以透過練習和不斷的挑戰慢慢變得強大。

◆　每一次多問一個問題，就是在為創意注入新的可能；
◆　每一次嘗試不同的做法，就是在為創意開啟更多路徑。

這些小小的嘗試，會在日積月累中，讓你的思維越來越靈活、創意越來越敏銳。

創意需要持續的學習與累積

希爾說:「真正的創意,是學習與行動的結晶。」當我們願意持續學習新事物,並在生活中不斷嘗試,創意就會變得不再遙遠。

舉例來說:

◆ 看似無聊的生活瑣事,也能是培養創意的養分。每天問問自己:還有沒有別的做法?
◆ 工作中遇到挑戰,別只想解決眼前問題,也試著多問:「有沒有更好的方法?」

這樣的習慣,會讓創意成為生活的一部分,而不是偶爾的驚喜。

行動,是讓創意變強的關鍵

拿破崙‧希爾提醒我們,創意不只是想法,而是把想法變成行動的勇氣。當你願意跨出第一步,不怕嘗試錯誤,你的創意思維就會被激發出來。

◆ 不怕做得不完美,而是先開始做;
◆ 不怕失敗,而是把失敗當作一次學習。

第四章　發揮創意，讓問題有解方

當你用這種態度面對生活，創意就不再只是夢想，而是每天都能運用的工具。

從今天起，練習創意

拿破崙‧希爾說得好：「與其羨慕別人的創意，不如用自己的行動，開啟屬於你的創意之路。」從今天起，告訴自己：創意不是天生的，是透過每天一點點的學習與實驗，慢慢練出來的。

給自己一個小小的承諾：每天多問一個問題、嘗試一個不同的做法。當你願意練習，創意就會在生活裡開出花朵，成為你面對問題、創造機會的最佳利器。

第二節　面對問題，先打破框架

拿破崙‧希爾在《成功定律》中說過：「當舊有的思考模式無法解決新問題，唯一的辦法就是打破它。」我們在面對挑戰時，往往習慣用既有的方式來解決。然而，世界在變，問題在變，只有願意打破框架，才能找到全新的解決之道。

舊框架，常常是無形的枷鎖

生活中，我們很容易被自己過去的經驗、別人的看法所影響。希爾提醒我們：「習慣性的思考，會讓我們看不到新的機會。」例如：

- 工作中遇到新挑戰，還是習慣用老方法，結果問題依舊無解；
- 面對新的想法，卻先入為主地覺得「這行不通」，讓自己錯失創意的可能。

這些框架，或許不是刻意的限制，但卻像無形的牆，阻擋了創意與成長的路。

第四章　發揮創意，讓問題有解方

打破框架，從「敢想」開始

拿破崙・希爾告訴我們，打破框架，不是一瞬間的革命，而是從每天多一點「敢想」開始。

- 問自己：「還有沒有其他的可能？」
- 告訴自己：「或許我還沒想到更好的方法，但我願意找找看。」
- 允許自己思考一些「看起來很瘋狂」的點子，哪怕最後不採用，也能激發新的靈感。

這種勇於挑戰思維的態度，會讓你的思路變得更有彈性、更有活力。

練習打破框架的日常行動

1. 接觸不熟悉的領域

看看不同領域的故事與做法，往往能激發新的解決思路。

2. 多向別人請教

別人的經驗與觀點，是打破自己框架的催化劑。

3. 允許自己「不完美」

有時候，框架來自於對完美的執念。告訴自己，先嘗試、再修正，總比停在原地更有價值。

用開放的心,找到新的解方

拿破崙・希爾說:「改變想法的方式,才能改變生活的結果。」面對問題時,別急著找「標準答案」,先問自己:有沒有什麼框架,限制了我的思路?從今天起,試著放開舊有的界線,讓創意自由流動。你會發現,問題不再只是障礙,而是通往新可能的起點。

第三節
小小改變，也能帶來新可能

拿破崙・希爾在《成功定律》中提醒我們：「改變，無論多小，都是邁向新可能的第一步。」許多人總以為，只有巨大的改變才能創造突破；其實，生活中的小小改變，反而最容易在不知不覺間帶來新的發現與驚喜。

微小改變，累積出巨大力量

生活中，一個微小的習慣改變、一個思維的轉折，往往就能打開新的視野。希爾說：「別看輕微小的努力，它會在日積月累中成就非凡。」

◆ 改變一天的早晨習慣，可能讓整天更有效率；
◆ 改變一次面對問題的思維，可能讓困難變得更簡單；
◆ 改變一個小小的動作，可能讓團隊合作更順暢。

這些小小的行動，就像在生活裡種下一顆顆種子，日後會開出意想不到的花朵。

第三節　小小改變，也能帶來新可能

小改變背後的思維力量

拿破崙‧希爾強調，真正重要的不是改變的規模，而是改變時的心態。當你告訴自己：「我願意從小小的地方開始動手」，其實就是在啟動解決問題的積極態度。

有時候，一個小步驟，能帶來出乎意料的轉機。因為當你開始改變，心中那股「我能做到」的信念，就會慢慢成形。

日常練習：小改變的行動清單

1. 嘗試一個不同的做法

今天試試不同的路線上班、換個方式記錄任務，或許就有新發現。

2. 挑戰一個小小的不習慣

如果平常習慣拖延，今天就挑戰馬上行動一次；如果平常怕問問題，今天就試著多問一個問題。

3. 給小小的進步肯定

每一次小小的改變，都是讓自己更接近目標的證明。別吝嗇給自己一句鼓勵，會讓改變更有動力。

第四章　發揮創意，讓問題有解方

從小小改變，走向無限可能

拿破崙・希爾說得好：「每一個小改變，都是下一個大改變的種子。」從今天起，不要因為行動很小，就覺得沒意義；也不要被「要做很大」的想法嚇退。熱愛那些小小的改變，並且享受它們帶來的新可能。

因為當你願意每天多做一點點，生活也會在不知不覺中，帶給你無限的機會與喜悅。

第四節　別被舊想法困住

拿破崙・希爾在《成功定律》中說過:「最大的限制,往往來自自己的思考模式。」我們生活在習慣與經驗中,久而久之,容易被過去的想法困住。當世界與挑戰不斷變化,唯有學會打破舊想法,才能找到新的突破與成長。

舊想法,像是看不見的鎖

很多時候,我們會習慣用「以前的方式」面對問題:

- 遇到挑戰時,腦中只會重複舊有的解決方案;
- 想法裡總覺得「這就是我最熟悉的方式」,結果錯過了新的機會。

拿破崙・希爾提醒我們,這樣的慣性思考,就像一把無形的鎖,把我們困在「過去能行得通」的框架裡,卻錯失了眼前的新可能。

為什麼要跳脫舊想法?

希爾強調:「改變的世界,需要不斷調整的思維。」舊想法可能曾經有效,但隨著環境改變,可能已經不合時宜。當

第四章　發揮創意，讓問題有解方

我們願意暫時放下「我一直以來的做法」，就會發現更多更新的可能。

- 工作遇到問題時，嘗試不同部門或領域的觀點；
- 生活遇到瓶頸時，試著問問自己：「有沒有我從沒想過的可能？」
- 學習新技能時，不怕從零開始，而是把過去的經驗視為養分，而不是束縛。

日常練習：如何擺脫舊有思維？

1. 主動問自己「還有沒有別的做法？」

不要急著找到唯一答案，先多給自己一些思考空間。

2. 找不同背景的人聊聊

別人看世界的方式，會給你新的啟發。

3. 允許自己「犯規」

偶爾嘗試一些和以往完全不同的做法。或許不完美，但會讓你的視野更寬廣。

第四節　別被舊想法困住

給自己更多新的視野

拿破崙・希爾說得好:「成功來自願意放下舊有的想法,擁抱新的觀念與嘗試。」從今天起,試著提醒自己:不要被舊想法困住。用更開放、彈性的心態,去面對每個挑戰與機會。

當你學會跳脫習慣的模式,就會發現,世界比想像更大,人生也比原先的劇本更有可能。

第四章　發揮創意，讓問題有解方

> 第五節
> 問更多問題，找到更多答案

　　拿破崙‧希爾在《成功定律》中說過：「問問題的能力，決定了能找到多少解答。」許多人面對困難時，總是急著找答案，卻忽略了：更重要的是學會問對問題。因為每一個好問題，都是創意的起點，也是打破舊思維的契機。

問題，是引導思考的鑰匙

　　希爾提醒我們，當我們勇於發問，思維就會更靈活，世界也會變得更開闊。

　　問：「為什麼我總是卡在同樣的地方？」會讓你找出問題的根源。

　　問：「還有沒有其他的方式？」會幫助你找到更多解決的方法。

　　問：「如果我從別人的角度看，會不會有新想法？」會讓視野更全面。

　　問題不是質疑自己，而是引導自己往更深的層次思考，讓創意不斷被激發。

好問題，來自觀察與好奇

拿破崙・希爾說：「好奇心是成功的催化劑。」當我們保持好奇，就會不斷提出新問題。

在工作上，主動問問同事：「有沒有更快或更簡單的做法？」

在生活中，觀察別人怎麼做，然後問自己：「我能不能試試不同的方法？」

這種習慣，會讓你在面對挑戰時，少一點恐懼，多一點信心；少一點局限，多一點創意。

日常練習：用問題開啟新可能

1. 每天給自己三個問題

例如：今天有什麼我可以改進的？有什麼我還不懂的？有什麼我想嘗試的？

2. 別害怕問「笨問題」

很多時候，看似簡單的問題，卻能打開全新的視野。

3. 學會傾聽別人的回答

問問題之後，認真聽別人怎麼說，才能把答案變成自己的新啟發。

第四章　發揮創意，讓問題有解方

問題是創意的種子

　　拿破崙・希爾說得好：「每個問題，都是一扇通往新可能的門。」從今天起，別害怕發問，別害怕探索。每一次發問，都是對未知的勇敢挑戰，也是對生活的熱情回應。

　　當你學會問更多問題，生活就不再只是尋找答案的旅程，而是變成一次又一次創造答案的冒險。讓我們一起，用問題帶來更多解答，讓創意成為解決問題的最佳武器。

第六節　學會換位思考

拿破崙・希爾在《成功定律》中說過：「真正的智慧，來自於能從不同角度看待同一件事。」換位思考，就是把自己放到別人的立場，嘗試用全新的角度重新理解問題。當我們願意跳脫自我框架，就能看見更多解決問題的可能。

換位思考，讓視野更寬廣

生活中，我們常常只從自己的角度思考，結果容易陷入偏見或誤解。希爾提醒我們：「每個人都站在自己的世界看世界，唯有願意換位思考，才能發現更完整的圖景。」

- ◆ 和同事合作時，換位思考能理解對方的壓力與立場；
- ◆ 和家人相處時，換位思考能體會對方的感受與需求；
- ◆ 在學習與工作中，換位思考能發現更多潛藏的機會。

這不只是善良或體貼，更是讓創意被激發的關鍵。

第四章　發揮創意，讓問題有解方

如何練習換位思考？

1. 多問「如果我是他」

面對衝突或誤解，先暫停自己的立場，問問自己：「如果我是他，會怎麼看這件事？」

2. 傾聽，而不是只想說服

很多時候，真正的突破來自於認真聽，而不是急著反駁或證明自己。

3. 尋找共同目標

當雙方立場不同時，想想是否有共同的目標或期待？這能讓溝通更容易，也能幫助你看見新的解決方向。

換位思考，讓問題更容易被解決

拿破崙・希爾說：「有時候，問題不是太複雜，而是我們看待它的角度太狹隘。」當你願意放下自我中心，換個立場看世界，問題常常就不再那麼棘手。

◆ 面對不同的意見時，別急著否定，先嘗試理解；
◆ 面對別人的批評時，別急著防衛，先想想有沒有值得學習的地方。

這樣的思維習慣，會讓你在任何環境中更有彈性，也更能找到新的創意解答。

讓同理心成為創意的養分

拿破崙・希爾說得好：「創意的泉源，來自開放的心靈與同理心。」從今天起，提醒自己：不要只用自己的眼睛看世界，也試著用別人的眼睛再看一次。這樣的練習，會讓你的人際關係更順利，也讓面對問題時，更有創意、更有力量。

別怕花時間換位思考，因為這不只是理解別人，更是成就更好的自己的橋梁。

第四章　發揮創意，讓問題有解方

第七節　給自己一點安靜空間

拿破崙・希爾在《成功定律》中說過：「最偉大的靈感，往往在寧靜中誕生。」在現代這個忙碌而嘈雜的世界裡，給自己一段安靜的時間與空間，不只是休息，更是讓創意與靈感生長的土壤。

安靜，是創意的孵化器

我們常以為，創意是熱鬧與碰撞中產生的，然而希爾提醒我們，真正的好點子，往往來自深度的沉澱。

◆ 當你暫時離開喧囂，才能更清楚聽見自己的內心聲音；
◆ 當你不再被外界干擾，才會發現那些被忽略的小靈感。

安靜不是懶散，而是給心靈騰出空間，讓思緒有時間慢慢發酵。

為什麼安靜能激發創意？

拿破崙・希爾強調，當心靈被外界資訊塞滿，創意就難以突破。唯有在安靜中，腦中的思緒才有機會彼此連結，形成新的想法。

- 安靜是一種整理：把雜亂的念頭理出頭緒。
- 安靜是一種觀察：更細膩地看見生活裡的靈感。
- 安靜是一種平衡：給身心一個喘息，才能更有力地前進。

日常練習：安靜的力量

1. 每天留給自己一段「無聲時光」

哪怕只有十幾分鐘，暫時放下手機、關掉音樂，讓心安靜下來。

2. 用紙筆記錄靈感

在安靜時，常常會閃現新的想法。別只在腦中打轉，把它們寫下來，就是創意的第一步。

3. 把安靜當作習慣

別把它當作奢侈品，而是每天的精神必需品。就像運動能強健身體，安靜能強健心靈。

在寧靜中，找到無限可能

拿破崙‧希爾說得好：「熱鬧中易有熱情，寧靜裡才有智慧。」從今天起，別再怕與自己相處的時光。那片屬於自己的安靜空間，會讓你發現：原來，最有創意、最真實的自

第四章　發揮創意，讓問題有解方

己，就在那一片安寧中。

　　讓我們練習：在喧囂中找回寧靜，在安靜裡找到力量，讓生活變得更有層次，也讓創意隨時綻放。

第八節
不怕嘗試錯誤，才能有突破

拿破崙・希爾在《成功定律》中說過：「錯誤是通往成功的必經之路。」在嘗試新想法、尋找創意的過程中，錯誤並不可怕，反而是我們學習與突破的重要契機。當我們勇敢面對錯誤，才能從中找到更適合的道路。

錯誤不是失敗，而是學習的機會

許多人一遇到錯誤就容易喪失信心，覺得自己不夠好、不夠聰明。希爾提醒我們：「錯誤不是終點，而是新的開始。」每一次的錯誤，都是在提醒我們調整方向，讓下一次的行動更接近成功。

舉例來說：

- 創業的人，第一次嘗試可能失敗，但在失敗中學到市場的真實需求。
- 學習新技能時，剛開始總會犯錯，但每次修正都讓技巧更熟練。
- 嘗試新的工作方法，可能不如預期，但會從中發現更多創意的靈感。

第四章　發揮創意，讓問題有解方

錯誤與突破的關係

希爾強調:「真正的突破,來自於不怕犯錯的勇氣。」當我們總想避免犯錯,反而會限制思考與行動的空間;而當我們願意承擔風險,從錯誤中快速學習,就能找到新的方向與機會。

- ◆ 不怕試錯,會讓行動力變得更強;
- ◆ 不怕試錯,會讓心態更有彈性;
- ◆ 不怕試錯,會讓思維更有創意。

日常練習：培養勇於嘗試的習慣

1. 看錯誤的價值,而非只看結果

問自己:「從這次錯誤中,我學到了什麼?」而不是只在意做對做錯。

2. 從小處開始嘗試

不必一開始就做很大的嘗試,從小小的改變開始,就能減輕恐懼,累積經驗。

3. 學會自我鼓勵

給自己肯定:「我敢嘗試,就是一種勇氣。」這樣的態度,會讓你在面對挑戰時更有自信。

在錯誤中,找到前行的力量

　　拿破崙・希爾說得好:「成功是建立在一次次改進之上的。」別讓害怕犯錯成為前進的障礙,勇敢去試,從中學習,才能找到最適合自己的答案。

　　從今天起,提醒自己:錯誤不是丟臉的事,而是成長的必經過程。當你能用正面的眼光看待每一次試錯,你會發現,世界其實比想像更寬廣,自己也比想像更有力量。

第四章　發揮創意，讓問題有解方

第九節　創意需要行動來實現

拿破崙・希爾在《成功定律》中說過：「沒有行動，最好的計畫也只是空想。」這句話點出了許多人的盲點：有了創意，若沒有行動，終究只會停留在腦中，無法為生活與事業帶來改變。真正能夠發揮創意價值的，是當它被付諸實踐的那一刻。

創意＋行動，才能產生影響力

創意是方向，行動是推動力。拿破崙・希爾提醒我們，兩者缺一不可。當我們把想法落實到每天的行動裡，才會有真實的成果。

- ◆ 有了新的想法，就從最小的步驟開始嘗試；
- ◆ 不必等到「準備好」，因為很多時候，只有行動中才能發現真正需要調整的地方；
- ◆ 把「我想」變成「我做」，創意就會開始在生活中開花結果。

行動，讓創意持續進化

很多時候，真正的靈感並不是在發呆時閃現，而是在行動中被一步步打磨出來的。

第九節　創意需要行動來實現

◆ 實踐能檢驗想法的可行性，幫助我們修正與優化創意；
◆ 行動的過程，會產生新的問題，也會帶來新的靈感；
◆ 每一次實踐，都是對創意的一次檢驗與提升。

這樣的循環，會讓你的創意思維越來越靈活，也越來越貼近現實的需求。

日常練習：讓創意動起來

1. 每天至少做一件小事，驗證你的創意

不一定要完美，先做就對了。

2. 把「想法清單」變成「行動清單」

不只記錄靈感，更要安排時間，讓它變成具體行動。

3. 在行動中保持彈性

別被「一定要成功」的壓力綁住。願意嘗試，願意修正，就是最大的勝利。

讓行動成為創意的翅膀

拿破崙·希爾說得好：「行動，讓想法不再只是想法。」從今天起，告訴自己：不要害怕做得不完美，因為真正的創意不是在腦海中，而是在行動的每一個小步驟裡。

第四章　發揮創意，讓問題有解方

　　當你開始行動，創意就會帶你飛得更遠、看得更多，也會讓生活充滿更多的驚喜與成就感。讓我們一起，把創意化為行動，讓想法飛向更寬廣的世界。

第十節　讓創意成為生活日常

拿破崙・希爾在《成功定律》中說過：「創意不是偶然，而是生活中不斷練習的結果。」創意不是只在需要靈感時才派上用場，也不是屬於少數天才的專利。它應該是我們每天生活的一部分，是面對問題時的一種態度，更是享受生活的樂趣。

創意不是靈光乍現，而是每天的累積

很多人總以為，創意只能在特別的時候「突然出現」。希爾提醒我們，真正的創意，往往藏在日常的習慣裡。

- ◆ 每天多問一個問題，就會多一個新想法的機會；
- ◆ 每天多一點好奇心，生活就多一點色彩；
- ◆ 每天多嘗試一個新做法，就會多一點發現的驚喜。

這些日常的累積，會在不知不覺中，讓你的創意能力越來越強大。

生活化的創意思維

希爾告訴我們，創意不只在工作中有用，更能讓生活變得更有趣。

第四章　發揮創意，讓問題有解方

- 烹飪時，嘗試新的食材搭配，創造屬於自己的風味；
- 整理房間時，換個擺設，讓空間更有新鮮感；
- 面對瑣事時，用新的角度去看待，也能從中找到樂趣。

創意，就藏在我們願不願意多想一步、多做一點的生活態度裡。

日常練習：讓創意自然流動

1. 每天留點時間給想像

別讓生活只剩下任務與責任，給自己一點「玩味」的空間，會有意想不到的靈感。

2. 記錄靈感，隨時翻閱

靈感來了就寫下來，哪怕當下無法實現，也是一個日後的種子。

3. 和熱愛創意的人分享

互相啟發，會讓創意的火苗燃得更旺。

讓創意成為生活的調味料

拿破崙・希爾說得好：「把創意變成習慣，問題就不再可怕，生活也會更有趣。」從今天起，別再把創意當成一種壓

第十節　讓創意成為生活日常

力或目標,而是把它當作生活的調味料,讓平凡的日子多一點驚喜與成就感。

當創意成為生活日常,你會發現:解決問題不再只是痛苦,而是一次次探索與嘗試的樂趣。讓我們一起,讓創意陪伴每一天,讓生活更有溫度、更有深度。

第四章　發揮創意，讓問題有解方

第五章
溝通與人際連結的藝術

第五章　溝通與人際連結的藝術

第一節　溝通是互相理解的起點

拿破崙・希爾在《成功定律》中說過:「真正的溝通,並不是爭辯或說服,而是用心去理解對方。」在這個資訊爆炸、互動頻繁的時代,溝通似乎無處不在,但真正能讓人際連結更有深度的,始終是「互相理解」。

溝通,遠比語言更重要

我們常以為,溝通就是用言語把想法傳達給別人。希爾提醒我們,溝通的本質,是一種雙向的橋梁:

- ◆ 不只是「我說了什麼」,更是「你怎麼感受我的話」;
- ◆ 不只是「我能表達什麼」,更是「我是否願意去聽」。

當我們把焦點放在「理解彼此」而不只是「證明自己」,溝通才能真正打開人與人之間的隔閡。

溝通的價值,在於建立信任

希爾說:「所有的合作,都從信任開始;所有的信任,都從理解開始。」在人際關係中,無論是家人、朋友還是同事,願意用心溝通、去理解對方的感受與立場,才是連結的基礎。

◆ 工作中，當同事感受到你願意了解他的想法，團隊更容易達成共識；
◆ 生活中，當家人感受到被傾聽與包容，家裡的氛圍就會更和諧。

這種從「互相理解」出發的溝通，能把人心拉得更近。

練習從「我想說」到「我想理解」

想讓溝通更有效，拿破崙・希爾建議我們，先把「我想說什麼」放到一旁，先問自己：「我想理解什麼？」

◆ 在對話中，先聽聽對方的想法與情緒；
◆ 遇到衝突時，先試著了解對方的立場，而不是急著反駁；
◆ 面對不熟悉的人，也能先從真誠的提問開始，打開對話的空間。

當我們願意先理解，溝通就會更自然，也更有溫度。

讓理解成為溝通的起點

拿破崙・希爾說得好：「想要真正影響他人，先學會理解他人。」從今天起，提醒自己：溝通的第一步，不是表達多流暢，而是有沒有先理解對方。

第五章　溝通與人際連結的藝術

　　當我們願意用真心去理解,溝通就會從口頭的對話,變成心靈的連結。這樣的溝通,會讓人際關係更真誠,也讓每個人都能在其中找到屬於自己的價值與成就感。

第二節　真誠比花言巧語重要

拿破崙·希爾在《成功定律》中說過：「真正的溝通，來自真誠，而非華麗的語言。」這句話提醒我們，與其用動聽卻空洞的話語討好別人，不如用真誠與坦率，建立真實而長久的關係。

真誠，是最打動人心的力量

在日常生活中，我們很容易被外在的表現所迷惑：聽起來冠冕堂皇的話語，可能缺乏真心；花言巧語雖然動聽，但往往讓人感覺不踏實。

拿破崙·希爾提醒我們：「人心渴望真誠，勝過一切表面的浮華。」因為真誠是一種信號，讓人感受到安全與信任，也讓溝通的基礎更牢靠。

真誠是建立信任的基石

無論是職場還是生活，真誠總是最有力量的人際橋梁。

- ◆ 在工作中，真誠會讓同事知道你的立場與想法，進而更願意合作；

第五章　溝通與人際連結的藝術

◆ 在家庭與朋友間，真誠會讓關係更穩定，彼此更能坦承分享。

這種從真誠出發的溝通，不會被華麗的包裝取代，因為真誠能穿透心防，讓人放心。

怎麼讓真誠成為溝通的習慣？

1. 說話前，先問自己「我說的是真心話嗎？」

不必為了討好而扭曲自己的想法，因為真正的影響力，來自於真心。

2. 學會接納自己的不完美

真誠不代表永遠完美，而是坦然面對自己的限制與不足。

3. 願意承認錯誤

在溝通中，面對自己的失誤時，真誠地承認，比找藉口更有力量。

用真心，連結更深層的關係

拿破崙・希爾說得好：「真誠是通往信任的門票，也是成就任何關係的起點。」從今天起，提醒自己：少說漂亮話，

多說真心話;少一點表演,多一點坦白。

　　因為真誠,才能讓人際關係變得真實,也讓每一次溝通,成為彼此最踏實的支持。

第五章　溝通與人際連結的藝術

第三節　傾聽是最好的開始

拿破崙・希爾在《成功定律》中說過：「一個善於傾聽的人，總能獲得比說話者更多的智慧。」這句話提醒我們，真正的溝通，不是急著表達自己，而是先學會靜下心，聽見對方的想法與感受。傾聽，是溝通最好的開始。

為什麼傾聽這麼重要？

在日常生活中，很多人把「溝通」簡化為「我怎麼說」。然而，希爾提醒我們，溝通的另一半，甚至更重要的部分，是「我怎麼聽」。

◆ 當我們願意用心聽，才能真正理解對方的需求與立場；
◆ 當對方感受到被尊重、被重視，信任感也會自然建立。

傾聽，就像是在人際之間鋪上一條溫暖的橋，讓心與心能安全靠近。

真正的傾聽，不只是「聽見聲音」

拿破崙・希爾說：「傾聽，是用心感受，而非只是等待回應。」真正的傾聽，需要我們放下心中的急躁與偏見，專注在對方的語氣、表情、情感，甚至是那些沒說出口的話。

- 在對話中,別急著打斷,先聽完整個故事;
- 當對方說完後,試著用自己的話確認:「我理解你的意思是……對嗎?」
- 即使不完全同意,也給對方一個「我願意聽你說」的態度。

日常練習:讓傾聽成為習慣

1. 每天至少留一次專注聽的時光

不只是點頭,而是真正專注在對方的感受與需求。

2. 暫時放下手機與分心

當你願意全神貫注地聽,對方會感受到你的尊重與支持。

3. 記得回應與共鳴

聽完之後,別只是沉默,適度的回應能讓對方感受到被理解。

讓傾聽成為關係的起點

拿破崙·希爾說得好:「人際連結,從傾聽開始。」從今天起,提醒自己:溝通不是急著證明自己,而是用真誠與耐

第五章　溝通與人際連結的藝術

心,先理解對方。

當傾聽成為習慣,會讓我們的溝通更順暢、合作更和諧,也讓每段關係都更真誠、更有力量。

第四節　用對話化解衝突

拿破崙・希爾在《成功定律》中說過：「衝突是成長的起點，而非絕望的終點。」在人際互動中，衝突是無法避免的。但希爾提醒我們，真正的重點不是避免衝突，而是學會透過對話，化解衝突，甚至讓關係更加緊密。

衝突不是絕路，而是對話的契機

很多人害怕衝突，覺得一旦有爭執，關係就會破裂。其實，衝突往往是雙方想法不同的自然結果，只要願意打開對話，往往能從中找到新的理解。

衝突時，雙方都有想說的話，先給彼此一個機會表達；真誠的對話，能化解誤解，讓人際關係更真實、更深刻。

希爾提醒我們：「最好的關係，不是沒有爭執，而是能從對話中，找到彼此的連結。」

對話，勝過指責與冷漠

面對衝突，許多人習慣用指責或冷漠來逃避。但這樣的方式，只會讓問題越積越大。

第五章　溝通與人際連結的藝術

- 指責，會讓對方覺得被攻擊，防衛心更強；
- 冷漠，會讓對方覺得被忽視，心越走越遠。

拿破崙·希爾提醒我們：「用對話代替攻擊，用理解代替冷漠。」

如何用對話化解衝突？

1. 先控制情緒，再開始對話

面對衝突時，先讓情緒平復，避免在情緒激動時做出傷人的言語。

2. 用「我」開頭，表達自己的感受

與其說「你怎麼這樣」，不如說「我覺得這樣讓我不舒服」，讓對方不會覺得被指責。

3. 願意聽，也願意調整

對話不是單方面的輸出，而是雙向的理解與調整。

讓對話成為關係的修復師

拿破崙·希爾說得好：「每一次衝突，都是一次理解與成長的機會。」從今天起，提醒自己：別把衝突看成是威脅，而是一次打開心門的機會。

第四節　用對話化解衝突

　　用對話，把誤解澄清；用理解，把隔閡化解。當你願意這麼做，會發現衝突不再可怕，反而成為讓關係更真實、更深厚的橋梁。

第五章 溝通與人際連結的藝術

第五節　建立互相信任的關係

拿破崙・希爾在《成功定律》中說過：「信任，是一切合作與成就的基礎。」無論是在工作中，還是生活裡，能夠彼此信任，才有可能讓溝通更順暢、讓關係更穩固。信任不是短期的承諾，而是長期的累積與實踐。

信任，從真誠與一致開始

希爾提醒我們，信任不是憑空而來，而是從「我說的話」和「我做的事」是否一致開始。

說到做到，才能讓人相信你的承諾；表裡如一，才能讓人覺得你值得依賴。

在每一次互動中，別人都在觀察：你說的，是不是你真正的想法？你做的，能不能讓人感受到可靠？當真誠與一致變成習慣，信任就會像種子，慢慢發芽、成長。

信任的力量，超越言語

希爾說：「信任不是說出來的，而是讓別人親身感受到的。」

- 在工作上,信任會讓合作更有效率,讓團隊更有凝聚力;
- 在生活中,信任會讓彼此更坦誠,讓關係更有溫度。

因為信任,對話會更少防衛,合作會更少摩擦,彼此的成長空間也會更大。

如何在日常中培養信任?

1. 守住承諾

不管多小的事,只要答應了,就盡力做到。這會讓人覺得你是個值得信賴的人。

2. 尊重別人的想法

即使意見不同,也能給對方空間表達,這會讓對方覺得被尊重、被理解。

3. 面對錯誤時,願意承認並修正

沒有人是完美的,承認錯誤的勇氣,往往能讓別人對你更信任。

信任,讓關係更真誠

拿破崙·希爾說得好:「沒有信任,再好的方法都無法長久;有了信任,所有的合作才有可能成功。」從今天起,提

第五章　溝通與人際連結的藝術

醒自己：在每一次互動中，真誠對待，守住承諾，讓信任成為你最真實的人際名片。

當信任成為習慣，生活與工作就會更順暢，關係也會變得更有力量。

第六節　適時說出自己的想法

拿破崙・希爾在《成功定律》中說過:「有力量的溝通,不只在於傾聽,更在於勇敢表達。」在關係中,很多人以為維持和諧就是多傾聽、少發聲,然而希爾提醒我們:適時說出自己的真實想法,才能讓溝通更有溫度,也更有深度。

為什麼要勇於表達?

當我們總是壓抑自己的聲音,只為了避免衝突或顧慮對方感受,長久下來,會讓內心產生壓力,也容易失去自己的立場。

- 在職場上,適時提出觀點,能讓你被看見,也讓團隊更完整;
- 在關係中,適時說出心聲,能減少誤解,也讓對方真正認識你。

拿破崙・希爾提醒我們:「真實的關係,從勇於表達開始。」

第五章　溝通與人際連結的藝術

什麼是「適時」？

適時表達，不是無所顧忌、直白衝撞，而是掌握時機與方式，讓對方能聽得進去，也讓自己能真誠被看見。

- ◆ 選對時機：在雙方情緒平穩時，溝通更容易被理解。
- ◆ 調整語氣：用關懷與尊重的語氣，而不是命令或指責。
- ◆ 清楚簡單：把最真實、最需要說的重點表達出來。

日常練習：讓表達變得更自然

1. 先釐清自己的想法

在表達之前，先問自己：我真正想說的是什麼？我希望對方知道什麼？

2. 從「我的感覺」開始

與其批評對方的行為，不如表達自己的感受，更容易打開溝通的空間。

3. 用對話代替辯論

把表達當作交換想法的過程，而不是說服或爭輸贏。

說出真心話，連結更深刻

拿破崙·希爾說得好：「溝通的力量，在於讓自己被看見、被理解，也讓對方感受到真誠。」從今天起，提醒自己：不要害怕說出真實的想法，因為那是連結的起點，也是信任的種子。

當我們願意適時說出心裡的聲音，溝通就不再只是表面互動，而是彼此更深刻的理解與支持。這樣的溝通，會讓每段關係，都更真實，也更有力量。

第五章　溝通與人際連結的藝術

第七節　不完美也能贏得尊重

拿破崙・希爾在《成功定律》中說過:「真實的人,比完美的形象更有力量。」我們常常以為,只有做到完美,才能贏得別人的認同與尊重。然而,希爾提醒我們,真誠與勇氣,往往比完美更能讓人心服口服。

真誠,比完美更動人

在溝通與互動中,人們更願意接受真誠的你,而不是一個假裝完美的面具。

- 當你願意承認自己的不足,反而會讓人覺得你更真實、更可信;
- 當你願意分享自己的掙扎與成長,別人也會更願意敞開心扉,彼此互相支持。

拿破崙・希爾提醒我們:「完美是壓力,真誠是力量。」

接納自己的不完美

許多時候,我們對自己最大的壓力,來自於「我必須做得無懈可擊」。但這樣的想法,只會讓人際關係變得疏離。當

我們學會接納自己的不完美，反而會更自在，也更能專注在真正重要的事情上。

◆ 工作上，不怕承認還在學習，才能持續成長；
◆ 關係中，勇於坦承不完美，反而更能讓彼此靠近。

不完美中的力量：真誠與信任

希爾說：「人際連結的深度，來自於雙方都勇於展現真實的自己。」不完美的人，更懂得同理別人的挫折，也更能給予支持與鼓勵。這樣的互動，會讓關係更真實、更有溫度。

日常練習：學會以真誠取代完美

1. 允許自己偶爾出錯
出錯不是失敗，而是學習與成長的機會。

2. 多分享自己的真實故事
真實的分享，能激發他人共鳴，也能讓自己更自在。

3. 別把自己逼得太緊
記得，與其追求完美，不如保持彈性與真誠。

第五章　溝通與人際連結的藝術

用真實，贏得更真誠的連結

　　拿破崙・希爾說得好：「尊重不是來自完美，而是來自你勇於展現真心。」從今天起，提醒自己：不必害怕不完美，因為那正是讓我們更貼近別人、也更認識自己的機會。

　　當我們願意用真實的自己與人互動，彼此的距離就會被拉近。因為，真正的尊重與理解，永遠是從不完美的勇氣開始。

第八節　多給予，少計較

拿破崙・希爾在《成功定律》中說過：「給予，是成功者最重要的習慣之一。」這句話提醒我們，真正讓人際關係長久且充滿信任的，從來不是斤斤計較的計算，而是願意多付出一點的真誠與慷慨。

給予，讓關係更有溫度

在生活與工作中，當你願意主動付出、幫助別人，對方會感受到你的善意與支持。這種溫暖，會成為彼此最牢固的連結。

- 在工作中，給予協助與肯定，能讓團隊更有凝聚力；
- 在家庭中，給予關心與耐心，能讓家人更有安全感；
- 在朋友間，給予傾聽與支持，能讓友情更深厚。

拿破崙・希爾提醒我們：「付出多一點，會讓你的人際網絡更穩固，也更有價值。」

別害怕付出太多

有些人會擔心：「如果我一直付出，會不會吃虧？」希爾的答案是：「你所付出的，終將以另一種形式回到你身上。」

第五章　溝通與人際連結的藝術

- 付出讓你成為值得信任的人；
- 付出讓你在人際中更有存在感與影響力；
- 付出也讓你更快樂，因為助人本身就是一種快樂的來源。

日常練習：多給予，少計較

1. 多給別人一些肯定

真心的鼓勵與讚美，是最簡單又最溫暖的付出。

2. 多給予一些時間與耐心

別急著回應或批評，先願意傾聽、願意理解。

3. 別急著計算回報

真正的關心，不是出於期待，而是出於真心。

讓給予成為你的人際信念

拿破崙·希爾說得好：「在人際連結裡，給予比索取更有力量。」從今天起，提醒自己：別把每一次互動都當作一場交易，而是當作一個機會，讓世界因你的付出而更溫暖。

當你願意多給予，少計較，生活會因此更有溫度，你的世界也會更豐盛、更開闊。

第九節
溫暖連結，創造更好的生活

拿破崙·希爾在《成功定律》中提醒我們：「人際關係的品質，決定了你生活的品質。」在人生的旅途中，能與人建立真誠又溫暖的連結，往往比金錢與地位更能帶來真正的滿足感與幸福感。

為什麼溫暖連結如此重要？

人與人之間的互動，就像是生活的養分。當我們帶著善意與溫暖面對別人，自己也會從中得到力量。

- 溫暖的關係，能讓人在壓力中找到慰藉；
- 溫暖的互動，能在平凡日子裡找到快樂；
- 溫暖的陪伴，能讓生活的挑戰變得不那麼孤單。

拿破崙·希爾說：「人際的溫度，決定了你看世界的溫度。」

第五章　溝通與人際連結的藝術

如何在生活中創造溫暖連結？

1. 主動關心別人

不只是禮貌，而是真心問候與陪伴，讓對方感受到你在乎。

2. 用微笑和體貼溝通

生活中的一個微笑、一句問候，都能成為溫暖的開端。

3. 珍惜每一段互動

別把人際關係當作理所當然，用心對待每一次見面、每一段對話。

溫暖帶來的影響力

當你願意帶著溫暖面對世界，別人也會更願意靠近你、信任你。

- ◆ 工作中，溫暖能讓合作更順暢，彼此更有默契；
- ◆ 生活中，溫暖能讓關係更深厚，遇到困難也不怕孤單；
- ◆ 社群中，溫暖能讓彼此互相扶持，創造更多可能。

這種溫暖，會慢慢在日常中累積，最後成為你面對世界最堅實的力量。

第九節　溫暖連結，創造更好的生活

讓溫暖成為你最有力的語言

　　拿破崙・希爾說得好：「人際連結的溫度，決定了你影響世界的廣度。」從今天起，提醒自己：別讓忙碌和焦慮，帶走了你對他人的溫柔與體貼。

　　當你用溫暖去連結別人，世界也會用溫暖回應你。讓這種溫度，成為你面對生活的信念，也成為你在人際中最大的禮物。

第五章　溝通與人際連結的藝術

第十節　人際連結是成長的養分

拿破崙・希爾在《成功定律》中說過:「所有的成功,都離不開他人的支持與鼓勵。」這句話提醒我們,人際連結不只是社交活動或熱鬧的場合,而是讓我們持續成長、超越自己的重要養分。

人際連結,讓我們看見更多可能

沒有人是一座孤島。當我們願意用真心連結別人,會發現更多看見問題的新角度,或是面對困難的新方法。

- ◆ 在工作中,別人的經驗與觀點,能幫助我們快速進步;
- ◆ 在生活中,真誠的交流,能讓我們從別人的故事裡得到啟發。

拿破崙・希爾提醒我們:「人際互動中的每一次傾聽與分享,都是人生智慧的累積。」

成長,是與人互動的禮物

在互動中,我們不只是單向付出,也在無形中收穫滿滿。

- ◆ 一次理解別人的心情,讓自己更有同理心;

◆ 一次幫助別人解決問題，讓自己更有信心；
◆ 一次被他人支持，讓自己更有勇氣面對未來的挑戰。

這些互動與連結，讓我們更有力量，也更能在變化的世界裡穩健前行。

日常練習：在人際中找到成長的機會

1. 把每一次互動，當作一次學習

別只是應付，而是真心去了解、去觀察，從中吸收新的養分。

2. 不怕請教與分享

問問題、聽故事，都是在豐富自己的思維與眼界。

3. 用心記錄人際中的啟發

把從對話中得到的靈感或鼓勵，寫下來，轉化為自己的行動計畫。

讓人際成為成長的養分

拿破崙·希爾說得好：「人際連結，讓我們看見自己的不足，也看見自己的潛能。」從今天起，提醒自己：別把與

第五章　溝通與人際連結的藝術

人的連結當作附屬品，而是當作讓自己更完整、更強大的關鍵。

當你願意在互動中學習、在連結中成長，你會發現，這個世界更大、更有深度，你自己也會變得更加豐富與堅韌。

第六章
克服恐懼，走向自信

第六章　克服恐懼，走向自信

第一節　恐懼是成長的試煉

拿破崙・希爾在《成功定律》中說過：「每一次恐懼的挑戰，都是成長的邀請。」恐懼，或許是每個人都不陌生的感覺：當我們面對未知、面對挑戰、面對別人的目光，心裡總會浮現各種不安。然而，希爾提醒我們：恐懼並不是阻礙，而是成長的試煉。

恐懼，是每個人都必經的路

許多人以為，只有軟弱的人才會害怕。事實上，恐懼是人之常情──即使是最成功的人，也曾在重要的時刻感受到內心的顫抖。

- ◆ 你害怕失敗，是因為你很在乎成功；
- ◆ 你害怕改變，是因為你想保護熟悉的安穩；
- ◆ 你害怕被否定，是因為你渴望被認同。

拿破崙・希爾說：「真正的勇氣，不是沒有恐懼，而是能看見恐懼，卻仍選擇向前。」

恐懼，是改變的起點

恐懼雖然讓人不舒服，卻也是自我突破的信號。它告訴我們：

- 有些事情值得你更努力；
- 有些挑戰正在考驗你的決心；
- 有些可能性，等著你去探索。

當我們願意正視恐懼，不再逃避，它就不再只是障礙，而是成為推動自己成長的起點。

成長，總是從面對恐懼開始

希爾提醒我們，所有的成就都來自面對未知的勇氣。

- 當你害怕說出真心話，卻還是說了，你會發現自己更有力量；
- 當你害怕嘗試新的做法，卻還是行動了，你會發現世界更大；
- 當你害怕跌倒，卻還是跨出第一步，你會發現，跌倒也能帶來收穫。

這些「面對恐懼」的經驗，會一點一滴累積成為自信的基礎。

第六章 克服恐懼，走向自信

把恐懼當作成長的起點

拿破崙・希爾說得好：「每一次面對恐懼，都是一塊讓你更強大的墊腳石。」從今天起，別再因為恐懼就停下腳步。提醒自己：恐懼，正是讓我們看見自己多在乎，也多有潛力。

當你願意把恐懼當作成長的試煉，而不是逃避的理由，你就會發現，人生的道路其實更寬廣，也更值得期待。

第二節　找到恐懼的來源

拿破崙・希爾在《成功定律》中說過：「恐懼背後，總有一個可以解開的答案。」這句話提醒我們，恐懼看似無法克服，其實只是因為我們還沒有真正看清它的根源。當我們願意停下來，仔細找出恐懼的來源，就能找到面對與超越的方法。

恐懼常常來自模糊與未知

恐懼最常見的來源之一，就是對未知的擔心。

- 當我們不知道下一步會發生什麼，就容易被腦海中的想像嚇到；
- 當我們不確定自己是否有能力，心裡自然會生出懷疑與擔憂。

希爾提醒我們：「用理智面對模糊，會讓恐懼變得清晰，讓自己更有力量。」

恐懼也可能來自過去的經驗

有時候，恐懼的根源，不在現在，而是在過去。

- 也許你曾經被否定過，於是害怕再次失敗；

第六章　克服恐懼，走向自信

- ◆ 也許你曾經跌得很重，於是對挑戰產生抗拒；
- ◆ 也許你習慣了安全與舒適，於是對變化心生恐懼。

拿破崙・希爾說：「過去是經驗，不是枷鎖。」找到這些恐懼的根源，才能學會放下與轉化。

找出恐懼來源的小小練習

1. 靜下心，寫下自己的擔憂

問自己：我到底在怕什麼？這份恐懼從哪裡來？

2. 拆解恐懼

把恐懼分解成小部分，試著一個一個看清楚，常常就會發現它不再那麼可怕。

3. 找信任的人聊聊

有時候，說出來，就像打開一扇窗。別人的角度，能幫助你看見更清晰的答案。

找到根源，才能找到出路

拿破崙・希爾說得好：「恐懼像霧，只有走近，才能看清方向。」從今天起，別讓恐懼在心裡無限放大。勇敢面對，問自己：我的恐懼，從哪裡來？當你能找出那個根源，恐懼

第二節　找到恐懼的來源

就不再像深不可測的深淵，而是能被跨越的門檻。

　　找到恐懼的來源，就是找到重新出發的起點。讓我們一起，用更清晰的眼光，看見自己內心的力量。

第六章　克服恐懼，走向自信

第三節　別被恐懼限制可能性

拿破崙・希爾在《成功定律》中說過：「恐懼最危險的地方，不是它本身，而是它限制了你的可能性。」恐懼讓我們縮手縮腳，讓我們只敢在熟悉的安全範圍內活動，卻忘了，真正的成長與成功，總在那一步「未知」的勇敢跨出。

恐懼的力量：讓你看不見更多的自己

生活中，很多人習慣說：「我不敢」，或「那不適合我」。然而，拿破崙・希爾提醒我們，恐懼常常不是能力的問題，而是內心是否允許自己去嘗試。

◆ 恐懼，會讓我們放棄新的機會；
◆ 恐懼，會讓我們錯過更適合自己的路；
◆ 恐懼，會讓我們錯誤地以為「我就是這樣了」。

別讓恐懼說服你停下來

當恐懼的聲音在心中響起，常會說：「別冒險」、「你會失敗」、「別人會笑你」。但拿破崙・希爾提醒我們：「別讓恐懼的聲音，成為你唯一的劇本。」

面對新工作,你或許會覺得自己能力不夠,但如果不去試,永遠不會知道自己的潛力。

想要發展新興趣,你或許怕別人不理解,但如果不去嘗試,永遠不會知道這世界有多大。

如何不讓恐懼限制自己?

1. 換個角度看恐懼

問問自己:恐懼提醒了我什麼?它或許在告訴我,這件事其實很值得努力。

2. 記住恐懼只是「感覺」

拿破崙・希爾說:「恐懼是思想裡的影子,不是現實的障礙。」把恐懼看成一種情緒,而不是事實。

3. 用小步驟,證明恐懼錯了

別想一步到位,先試一小步。每一次小小的行動,都是對恐懼的有力回應。

可能性,總在恐懼之外

拿破崙・希爾說得好:「所有的成就,都在那一步勇敢的跨越之後。」從今天起,提醒自己:別讓恐懼決定你能走多

第六章 克服恐懼，走向自信

遠。當你願意不再被它限制，就會發現 —— 世界比想像更大，自己比想像更有力量。

讓我們一起，學會在恐懼之外，看見更多的可能性，讓生活不只是安全，更是充滿驚喜與希望的冒險。

第四節　小步驟挑戰恐懼

拿破崙・希爾在《成功定律》中說過：「面對恐懼的最佳方式，就是從小地方開始行動。」這句話提醒我們，克服恐懼不需要一次就完成，而是從一次次小小的嘗試中，逐步累積勇氣。

恐懼看似龐大，其實可以被分解

許多人一遇到恐懼，就覺得眼前的挑戰像座高山，根本無法攀登。但希爾告訴我們：

- 把恐懼拆解成一小段一小段，就會發現其實沒有那麼可怕；
- 小步驟，能讓內心慢慢適應，減少壓力與抗拒。

就像想要培養自信，不是一次公開演說就達成，而是從一個簡單的發言、一個小小的練習開始。

小步驟的魔力

希爾說：「勇氣，從不是一蹴可幾，而是每天多一點點的堅持。」

第六章　克服恐懼，走向自信

- 先挑戰自己說出一句真心話，而不是一次就想表達所有想法；
- 先願意嘗試一小步，而不是一下子推自己跳進最大挑戰；
- 先讓自己面對小小的失敗，從中發現「沒那麼可怕」。

每一次小步驟的成功，都是一次對恐懼的勝利。

日常練習：小步驟，慢慢建立信心

1. 設定微小目標

不用急著要克服全部恐懼，先告訴自己：今天比昨天多跨出一小步，就很棒。

2. 記錄每個小小的進展

拿破崙‧希爾說：「寫下自己的進步，會讓信心更快成長。」用筆記或日記，記錄你的行動與心得。

3. 給自己溫柔的肯定

即使小小的一步，也值得給自己一句鼓勵。這樣的溫暖，會讓你更有勇氣繼續前進。

第四節　小步驟挑戰恐懼

小步驟，讓恐懼變得渺小

拿破崙・希爾說得好：「每一小步，都是在證明給恐懼看──我能做到！」從今天起，提醒自己：面對恐懼，別急著一口吞下整個挑戰。用小小的步伐，慢慢地跨越，你會發現，恐懼在你一步步的行動裡，變得越來越渺小。

讓我們一起，從小步驟開始，走向一個更勇敢、更有信心的自己。

第六章　克服恐懼，走向自信

第五節　面對恐懼，而不是逃避

拿破崙·希爾在《成功定律》中說過：「你越是逃避恐懼，它就越會成為你前進的阻礙。」恐懼不會因為我們轉身就消失，只有當我們願意正面面對它，才能真正跨越，並從中獲得力量與成長。

逃避，讓恐懼更深植人心

生活中，我們總習慣把恐懼推開：

- ◆ 害怕被拒絕，就選擇不去嘗試；
- ◆ 害怕失敗，就一直待在熟悉的舒適圈；
- ◆ 害怕被批評，就讓夢想停留在心裡。

然而，拿破崙·希爾提醒我們：「逃避只是短暫的安慰，真正的自由來自面對。」當我們逃避恐懼，心中的不安反而越積越深，讓自己錯過了原本可能實現的機會。

面對，讓恐懼失去力量

當你選擇面對恐懼，就像點了一盞燈，驅散黑暗的未知。

面對它，你會發現：恐懼背後常常是自己的想像，而非

真正的危險。

面對它,你會發現:原來自己比想像中更有力量。

面對它,你會發現:恐懼只是一道門,打開後,裡面是更寬廣的世界。

日常練習:面對恐懼的行動步驟

1. 先看見恐懼,不否認它

拿破崙・希爾說:「承認恐懼,才能給自己面對它的機會。」

2. 小小實驗,驗證恐懼的真實性

嘗試一個小挑戰,問問自己:真的像我想的那麼可怕嗎?

3. 用行動回應,而不是用逃避麻痺

行動是對恐懼最有力的回答。即使是最小的行動,也會讓恐懼的影響慢慢變小。

真正的勇氣,是選擇直視恐懼

拿破崙・希爾說得好:「勇氣不是不害怕,而是害怕時,仍選擇往前走。」從今天起,提醒自己:恐懼或許還在,但我選擇面對,而不是逃避。

第六章　克服恐懼，走向自信

　　因為每一次正視恐懼的時刻，都是靠近自由與自信的一次步伐。讓我們一起，練習面對，練習跨越，走向更勇敢的自己。

第六節　恐懼背後常常是期待

拿破崙・希爾在《成功定律》中說過：「恐懼，往往是因為內心深深在乎。」這句話提醒我們，恐懼不全然是負面的感覺，背後往往藏著一種對未來的渴望與期待。當我們學會看見這份期待，就能把恐懼化為前進的動力。

恐懼和期待，是一體兩面

很多時候，讓我們感到焦慮的，正是那些最重要的目標與夢想。

- 害怕被拒絕，是因為渴望被肯定；
- 害怕失敗，是因為在乎成功的可能；
- 害怕改變，是因為期望自己有更好的未來。

拿破崙・希爾提醒我們：「恐懼，往往是期待的另一種表現。當我們看見這層意義，就能從中找到勇氣。」

從恐懼中，看見自己的渴望

當你感到害怕時，試著問自己：

- 我真正害怕的是什麼？

第六章　克服恐懼，走向自信

- 這份恐懼背後，是不是有我非常在乎的東西？
- 如果我願意承認自己對它的期待，我會更有力量去面對嗎？

這樣的思考，會讓你從被恐懼綁住，轉變為由期待驅動。

日常練習：把恐懼的能量轉化成動力

1. 正視自己的渴望

別否定自己對成功或被認可的期待。這是人之常情，也是成長的動力。

2. 把期待轉化為行動的理由

告訴自己：既然這麼在乎，就更值得我多努力一點。

3. 練習在恐懼中找到積極面

例如：我害怕面試失敗，但這證明我對這個機會很重視。這種重視，就是推動我準備更充實的理由。

讓期待，成為走向自信的火種

拿破崙·希爾說得好：「恐懼的背後，是最真誠的期待。」從今天起，提醒自己：當恐懼出現時，別只看到它的陰影，

第六節　恐懼背後常常是期待

也看見它背後的光亮。

當你願意承認這份期待,恐懼就不再只是絆腳石,而會成為推動你向前的一股暖流。讓我們一起,練習把恐懼轉化為期待,讓它點燃你成長與改變的動力。

第六章　克服恐懼，走向自信

第七節　自信來自不怕失敗的勇氣

拿破崙·希爾在《成功定律》中說過：「失敗從不是終點，而是前進的試煉。」在追求成長與自信的路上，失敗往往是不可避免的考驗。希爾提醒我們，真正的自信，不是從沒失敗，而是擁有「不怕失敗」的勇氣。

不怕失敗，是最真實的自信基礎

很多人以為，自信是來自能力完美、永不出錯。但事實上，真正自信的人，通常更能坦然面對失敗，因為他們知道：

- ◆ 失敗不等於不夠好，只是進步的必經過程；
- ◆ 失敗不是恥辱，而是勇氣的證明；
- ◆ 每一次的失敗，都在幫助自己更了解自己的能耐與極限。

拿破崙·希爾說：「勇於嘗試的人，才是真正的勇者。」

失敗，讓自信更真實

當我們只願意停留在「安全區」裡，不願嘗試新的事物，表面看似安穩，內心卻常常缺乏真正的自信。因為少了面對

第七節　自信來自不怕失敗的勇氣

風險的勇氣，心中總有個疑問：「我真的行嗎？」相反地，當你願意接受挑戰，哪怕失敗，也會讓你感受到「我有勇氣行動」，這種行動會在不知不覺中累積出真正的自信。

日常練習：讓失敗成為自信的養分

1. 把失敗當作一種學習，而不是定義

告訴自己：我從中學到了什麼，而不是我不夠好。

2. 主動找小挑戰，讓自己有機會「安全地失敗」

練習在不那麼重要的事情上冒險，培養面對挫折的習慣。

3. 記錄並慶祝每次勇敢的行動

即使結果不完美，也要肯定「我敢試」的自己。

勇氣，才是自信的根源

拿破崙・希爾說得好：「自信不是說『我永不失敗』，而是說『即使失敗，我仍會前進』。」從今天起，提醒自己：真正的自信，並不是不出錯，而是不怕跌倒後，再站起來。

當你願意不再逃避失敗，反而從中學習，恐懼就會慢慢消退，取而代之的是一個更勇敢、更自信的自己。

第六章　克服恐懼，走向自信

第八節　別人眼光不是你的框架

拿破崙・希爾在《成功定律》中提醒我們：「要成為真正的自己，而非別人期望中的樣子。」在這個時代，我們每天都被外界的眼光包圍，別人的評價與期待，往往讓我們陷入迷惘。希爾強調，真正的自信，來自於看見自己的價值，而不是活在別人的框架裡。

別人的眼光，是一面鏡子，不是命令

我們無法控制別人的看法，卻常常讓它左右自己的心情與決定：

- ◆ 可能是家人朋友的好意建議，讓你懷疑自己的選擇；
- ◆ 可能是同儕的目光，讓你擔心與眾不同；
- ◆ 可能是社會的標準，讓你壓抑自己的獨特性。

拿破崙・希爾提醒我們：「別人的意見可以參考，但不能成為你唯一的方向。」

第八節　別人眼光不是你的框架

看見自己的獨特價值

想要超越恐懼、建立真正的自信，先要學會分辨：

- 哪些聲音是提醒，值得借鑑？
- 哪些聲音只是雜音，該放下？

當你學會看見自己的獨特價值，會發現：真正的滿足感，來自活出屬於自己的節奏與信念，而不是迎合所有人的眼光。

日常練習：活出自己的步調

1. 練習獨立思考

面對意見時，先問自己：「這真的是我想要的嗎？」

2. 給自己一些獨處的時間

拿破崙・希爾說：「安靜能讓你聽見自己的聲音，而非世界的喧囂。」

3. 欣賞自己的小小進步

每一次真心的選擇，都是一次對自己價值的肯定。

第六章　克服恐懼，走向自信

自信，來自忠於自己

拿破崙・希爾說得好:「別讓外界的評價,淹沒你內心的聲音。」從今天起,提醒自己:別人的眼光,可以作為參考,但永遠不是你生命的方向盤。

當你願意從心出發,找回屬於自己的節奏與目標,恐懼就會變小,自信就會在真誠的自我裡一點一滴茁壯。

第九節
一次次小小勝利，建立自信

拿破崙・希爾在《成功定律》中說過：「信心來自於一次次的實踐與勝利。」自信不是憑空而來的，而是透過每一次面對挑戰、每一次克服困難，慢慢堆疊起來的。別小看那些日常的小小成就，正是它們，成為內心穩定與勇氣的根基。

小小的勝利，會累積成大大的自信

很多人總想著，一定要有重大的成功，才能自信滿滿。希爾提醒我們，真正能撐起自信的，是那些日復一日的小勝利。

◆ 每一次克服內心的退縮，都是一次成就；
◆ 每一次勇敢說出想法，都是對自己的肯定；
◆ 每一次做了平常會害怕的事，都是一次超越自我。

這些微小的步伐，會讓你發現：原來自己比想像中更有力量。

第六章　克服恐懼，走向自信

小勝利帶來的成就感

拿破崙・希爾說：「自信的基礎，是看見自己的努力有結果。」當我們在生活中，願意累積小小的進步，會發現：

- ◆ 信心來自「我做得到」的經驗；
- ◆ 信心來自「我再試試看」的決心；
- ◆ 信心來自「我可以克服」的證明。

每一個小小的勝利，都是在向恐懼說：「我能做到。」

日常練習：用小勝利養成自信

1. 設定容易達成的小目標

不必一開始就想做到完美，先設定「今天想挑戰的一件小事」。

2. 記錄每一次的進步

把它們寫下來，成為提醒自己「我有在努力」的證明。

3. 學會肯定自己

即使只是最小的改變，也值得對自己說：「很好，我在進步！」

第九節　一次次小小勝利，建立自信

用小小的成功，堆疊真正的自信

　　拿破崙・希爾說得好：「成就感來自實踐，實踐來自行動。」從今天起，提醒自己：別再等到完美的時刻才出發，因為那些微小的勝利，正是自信最有力的根基。

　　當你累積這些小小的勝利，恐懼就會慢慢淡去，自信就會一點一滴在生活中成長，直到有一天，你能從容地面對更大的挑戰。

第六章　克服恐懼，走向自信

第十節　把恐懼轉成動力

拿破崙・希爾在《成功定律》中說過：「恐懼本身沒有力量，除非你把它當作阻礙；而如果你願意，恐懼也能變成推動力。」這句話提醒我們，恐懼並不一定是負面的，它也能是成長與行動的引擎。關鍵在於：你如何看待它。

恐懼，背後常藏著力量

當我們面對恐懼時，常常會覺得自己被困住了。希爾提醒我們，事實上，恐懼也能讓你更清楚：

- 你在乎什麼；
- 你渴望什麼；
- 你真正想成為怎樣的人。

恐懼能把這些渴望放大，讓你更有動力去追尋。

轉換視角：恐懼不是敵人，是夥伴

拿破崙・希爾強調，恐懼就像一面鏡子，映照出我們的內心。當你願意面對它，與它共處，會發現：

- 它讓你更謹慎、更細心規劃每一步；

- 它提醒你哪些地方需要加強與練習；
- 它迫使你不再原地踏步，而是找出解決的方法。

把恐懼當作警示器，而不是絆腳石，它就能變成讓自己更有行動力的來源。

日常練習：讓恐懼成為你的燃料

1. 把恐懼寫下來，轉化為目標

問自己：「這份恐懼背後，我真正想做到的是什麼？」

2. 把恐懼拆成行動清單

小步驟面對，讓自己更有信心去挑戰。

3. 用行動「駁斥」恐懼

每一次的行動，都是對恐懼最有力的回答。

用恐懼點燃更大的可能

拿破崙・希爾說得好：「恐懼是心靈的考驗，也是讓我們更堅強的禮物。」從今天起，提醒自己：恐懼不是要讓你停下來，而是要告訴你：「這件事很重要，值得我勇敢去做。」

當你學會把恐懼轉成行動的燃料，世界就不再只是挑戰，而會變成一個讓你持續成長與超越的舞臺。

第六章　克服恐懼，走向自信

第七章
建立生活的平衡

第七章　建立生活的平衡

第一節　生活不是只有工作

拿破崙・希爾在《成功定律》中提醒我們:「人生的真正成功,不只是事業上的光芒,而是能在生活的各個層面,找到真正的滿足。」現代社會中,許多人把工作看作生活的全部,卻忘記了:我們是一個完整的人,生活也有很多值得珍惜與投入的面向。

工作是生活的一部分,不是全部

我們都知道,工作是養活自己與家人的責任,是實現夢想與貢獻社會的方式。但希爾提醒我們:

◆ 工作只是生活的一部分,別讓它占據所有時間與心力;
◆ 生活中的愛、健康、興趣與關係,都是支撐我們的基礎。

當我們只專注在工作上,往往會忽略了那些讓心靈充實、讓生活有色彩的片段。

忙碌不等於有價值

拿破崙・希爾說:「衡量一個人的價值,不是他有多忙,而是他能不能在忙碌中找到意義。」很多人以為越忙就越重要,但其實,真正有價值的人,是能平衡好事業與生活,讓每個角色都充滿真實的熱情與投入。

生活的豐富,讓工作更有意義

當我們願意花時間經營家庭、照顧健康、陪伴朋友,這些溫暖的力量,會反過來讓我們在工作上更有能量。

- 有了愛與支持,工作時更有信心;
- 有了健康的身心,工作時更有活力;
- 有了興趣與熱情,工作時更能找到創意。

拿破崙・希爾提醒我們:「真正的成功,是一種平衡的生活狀態。」

日常練習:把生活放回生活

1. 每天留一點時間,**專屬於自己與家人**

再忙,也別忘了生活中的小小樂趣與陪伴。

第七章　建立生活的平衡

2. 用心體驗生活中的小幸福

喝一杯咖啡、看一本書、陪孩子玩耍⋯⋯這些都能讓心靈更豐富。

3. 給工作一個明確的界線

工作結束後，告訴自己：接下來是屬於我與家人的時間。

生活多彩，人生更完整

拿破崙・希爾說得好：「生活的真正價值，不在於做了多少事，而在於是否有愛、有熱情、有平衡。」從今天起，提醒自己：生活不只是工作，還有那片溫暖的天空，還有那些在乎你的人。

當你願意看見生活的全貌，就會發現：你的能量會更充沛，你的自信會更穩定，你的成功，也會更加長遠與踏實。

第二節　留下時間給自己

拿破崙‧希爾在《成功定律》中提醒我們：「所有外在的成就，都需要內在的力量作支撐。」在忙碌的生活與工作中，很多人習慣把時間都給別人，卻忘記給自己一些時間。其實，真正的生活平衡，不只是對別人的付出，還包括對自己的關懷與照顧。

給自己時間，是一種對生活的尊重

當我們把時間全部用來應付外界的期待，內心往往會感到疲憊與空虛。拿破崙‧希爾提醒我們：

- 生活不是只有工作與責任，也有屬於自己的空白與自由；
- 這些時間，能幫助我們更清楚自己的方向，更有餘裕去面對生活的變化。

留下時間給自己，才能讓自己有力量走得更遠。

獨處，是和自己最好的對話

很多人害怕獨處，覺得那代表孤單。希爾說，真正的獨處，是一種和自己心靈對話的機會。

第七章　建立生活的平衡

- ◆ 你可以重新認識自己的渴望與需求；
- ◆ 你可以更冷靜地面對壓力與挑戰；
- ◆ 你可以找回那些平常被忽略的喜悅與熱情。

這些時刻，會讓你的生活更有深度，也更有溫度。

日常練習：留給自己的一段空白

1. 每天給自己一點安靜時間

十分鐘的散步、冥想，或是關掉手機，靜靜聽聽自己的心聲。

2. 安排屬於自己的小小儀式

不為別人，只為取悅自己：喝一杯茶、閱讀一本書、聽一首音樂。

3. 把「我」排進行程表

像安排工作一樣，給自己時間，讓自己成為生活的重要角色。

給自己，才能給世界更多

拿破崙・希爾說得好：「唯有先照顧好自己，才能有力氣幫助別人。」從今天起，提醒自己：留一些時間給自己，別

讓忙碌淹沒了生活的美好。

　　當你學會善待自己,內在的平靜與喜悅,會讓生活變得更平衡、更豐盛,也讓你面對挑戰時,永遠有一股安定的力量。

第七章　建立生活的平衡

第三節　保持身心健康，享受生活

拿破崙·希爾在《成功定律》中說過：「健康是成功的基礎。沒有健康，一切成就都失去意義。」工作再忙、生活再多挑戰，健康永遠是我們最重要的資產。保持身心健康，不只是為了活得更久，而是為了讓每一天都活得更有品質與意義。

健康，是成功的基礎

希爾提醒我們：

- ◆ 一個疲憊的身體，無法支撐長期的努力；
- ◆ 一個焦慮的心靈，無法看見真正的機會；
- ◆ 唯有健康的身心，才能讓人享受過程、堅持到底。

在拚命追求成就的同時，別忘了最基本的前提：身心的平衡與健康。

健康的生活，帶來更深的滿足感

許多人以為，為了追求夢想，犧牲健康是「值得的」。但希爾提醒我們：真正的成功，不是短暫的光芒，而是能長期、穩健地發光。

◆ 當你有活力，挑戰就變得更有樂趣；
◆ 當你有健康，工作時就能更專注、更有效率；
◆ 當你有平靜的心，生活就能更享受每一個片刻。

日常練習：為身心健康留空間

1. 養成運動與放鬆的習慣

每天花一點時間，做簡單的運動，或找個方式放鬆身心。

2. 重視飲食與作息

均衡的飲食與充足的睡眠，是對自己最基本的承諾。

3. 學會排解壓力

找人聊聊，或寫下心裡的煩惱，讓情緒有出口，也讓心更輕盈。

健康是最長遠的投資

拿破崙·希爾說得好：「用心照顧自己，才能真正照亮世界。」從今天起，提醒自己：再忙，也別忘了健康。因為健康的身心，是實現夢想的起點，也是享受生活的基礎。

當你學會把健康放在生活的重要位置，會發現：不只是工作，整個人生都會因此更平衡、更有幸福感。

第七章　建立生活的平衡

第四節　平衡不是分割，而是統合

拿破崙・希爾在《成功定律》中提醒我們：「平衡的人生，不是把生活分成一塊塊，而是能把它們編織成一個有意義的整體。」許多人在追求生活平衡時，總以為是「時間的切割」，但希爾告訴我們：真正的平衡，來自把每個角色、每個責任，融入自己想要的人生藍圖中。

生活不是「工作」與「生活」的對立

在現代社會，「工作」與「生活」似乎被視為兩個對立面：

- ◆ 上班是責任，下班才是生活；
- ◆ 工作是壓力，生活才是享受。

但拿破崙・希爾提醒我們：「真正的平衡，是當你能從工作中找到生活的價值，從生活中找到工作的靈感。」

把生活當作一個完整的畫布

當我們願意把工作與家庭、責任與興趣，當作同一幅畫的一部分，就不再覺得自己總在「兩邊拉扯」。

第四節　平衡不是分割,而是統合

- 在工作中找到意義與成就感,能讓生活更踏實;
- 在生活中培養熱情與關心,會讓你在工作中更有人情味;
- 在面對壓力時,能用生活的喜悅作為療癒,也能在享受時,帶著工作的熱情去經營。

日常練習:學會統合,而非分割

1. 重新定義「成功」的樣貌

問自己:對我來說,什麼是最值得的生活?不是別人的答案,而是自己想要的樣貌。

2. 從每件事中找出「價值」

不論是工作還是生活,都問自己:我從這裡得到了什麼?這讓我變成更完整的人嗎?

3. 讓愛與興趣進入每個角色

別把工作當成負擔,把它當作讓生活更有意義的舞臺。

統合,讓人生更完整

拿破崙・希爾說得好:「平衡,不是分割時間,而是整合心靈。」從今天起,提醒自己:別再把生活的每個部分當成敵對,而是學會把它們編織成一幅屬於自己的畫作。

第七章　建立生活的平衡

　　當你能在每個角色中找到連結與熱情,生活就不再是忙碌與疲憊的堆砌,而是一首和諧且充滿力量的樂章。

第五節　找到生活中的樂趣

拿破崙・希爾在《成功定律》中說過:「熱情是讓生命發光的力量。」很多時候,我們因為忙碌而忽略了生活中那些小小的樂趣,但希爾提醒我們:當生活中有熱情與樂趣,整個人的能量也會隨之提升,讓工作更有動力、讓挑戰更有勇氣。

為什麼要在生活中找到樂趣?

生活的節奏總是快得讓人喘不過氣,若沒有刻意留意,樂趣就會被壓力與責任掩蓋。希爾提醒我們:

- 樂趣是生活的調味料,讓日常變得更可口;
- 樂趣能讓我們重新找回熱情,面對每一天的挑戰;
- 樂趣不只是享受,更是讓自己充電、讓心靈回春的方式。

樂趣,是平衡生活的一部分

拿破崙・希爾說:「如果你在做的事中,能找到喜悅,成功也會離你更近。」

- 工作中找到小小的成就感,就是一種樂趣;

第七章　建立生活的平衡

- ◆ 與家人朋友的相聚，就是一種樂趣；
- ◆ 發現生活中的小確幸，就是一種樂趣。

當你願意看見這些日常的小亮點，生活的平衡也會自然浮現。

日常練習：培養樂趣的眼光

1. 每天為自己安排一件讓自己開心的小事

不論是散步、閱讀、或泡杯好茶，讓它成為生活中的亮點。

2. 用心體驗每個小瞬間

慢慢走路時，感受微風；吃飯時，好好品嘗每一口。

3. 和熱情的人在一起

他們的能量，會讓你更願意發現生活的趣味。

讓樂趣點亮生活的每一刻

拿破崙・希爾說得好：「熱情與樂趣，是成功不可或缺的元素。」從今天起，提醒自己：生活不只是任務清單，也是一場盛大的遊戲。

當你學會在平凡中找尋樂趣，會發現生活的色彩比想像中更繽紛，也會在笑容與喜悅裡，找到面對未來的無窮力量。

第六節　學會說不，守住底線

拿破崙・希爾在《成功定律》中提醒我們：「界線，讓人際關係更健康，也讓人生更穩固。」很多人因為想要討好每個人，習慣把自己逼到極限，卻忘了：學會說不，守住底線，反而是保護自己、維持生活平衡的重要能力。

為什麼要學會說不？

在現代社會，忙碌與資訊充斥的生活，讓「說不」變得格外困難。希爾提醒我們：

- 總是答應別人，會讓自己失去界線，陷入無止境的疲憊；
- 總是壓抑自己的需求，會讓心中累積委屈，失去熱情；
- 當我們無法清楚界定「自己想要什麼」，生活就會被別人的需求填滿。

說不，是對自己負責

拿破崙・希爾說：「說不，是對自己最真誠的承諾。」

- 當你拒絕那些不必要的應酬，才有時間陪伴真正重要的人；

第七章　建立生活的平衡

- 當你拒絕那些讓你超負荷的工作，才能留有空間去充實自己；
- 當你學會適度劃出界線，別人也會更懂得尊重你的時間與底線。

日常練習：溫柔而堅定地說不

1. 清楚自己的底線

在每個選擇前，先問自己：「這件事，對我真正重要嗎？」

2. 用尊重的態度表達

說不，不代表冷漠，而是誠實而溫和的表達自己的立場。

3. 練習把時間留給最需要的人與事

認真安排屬於自己與家人的時光，而不是被動回應每一個邀請。

說不，是一種勇氣，也是一種智慧

拿破崙・希爾說得好：「守住底線，才能走得更長久。」從今天起，提醒自己：不要再為了滿足每個人的期待，而犧

牲自己的生活品質。

　　當你勇於說不，恐懼會變小，心會更穩定，也會在生活的每一個選擇中，更接近自己想要的平衡與幸福。

第七章　建立生活的平衡

第七節　給自己空白與彈性

拿破崙・希爾在《成功定律》中提醒我們：「生活的價值，不只是效率與結果，而是讓心靈能自由呼吸。」在生活的節奏越來越快的時代，留白與彈性顯得特別珍貴。因為唯有在這些空白中，創意才會誕生，內心的力量才會慢慢成長。

空白，是讓生活重新呼吸的空間

很多人把行事曆排得滿滿，覺得「忙碌」等於「有價值」。然而，希爾提醒我們：

- ◆ 沒有空白的生活，會讓心靈失去彈性，變得焦躁與疲憊；
- ◆ 空白不是浪費，而是給自己重新整理、重新連結的機會。

當生活有了彈性，才能在挑戰面前保持平衡，在壓力中找到餘裕。

給自己空白，是自我關懷的一部分

拿破崙・希爾說：「真正的平衡，不是填滿每一刻，而是懂得何時放手。」

- ◆ 當你給自己一點空白，會更有餘裕面對變化；

第七節　給自己空白與彈性

- 當你有了彈性，會更容易應對生活中的未知與挑戰；
- 當你願意留白，會發現生活中有更多小確幸。

日常練習：創造屬於自己的空白時刻

1. 每天留十分鐘給自己

不用填滿，靜靜坐著，讓思緒自由流動。

2. 用彈性安排，而不是硬性規劃

給計畫多一點彈性，別讓自己被行程壓得喘不過氣。

3. 欣賞空白的價值

告訴自己：這段時間，不是浪費，而是自我的充電與療癒。

空白，是讓生活更豐盛的祕密

拿破崙・希爾說得好：「內心的平靜，來自你願意留一點空白。」從今天起，提醒自己：生活不必總是塞得滿滿。留一點空白，給自己彈性，給自己機會，也給自己更多面對未來的力量。

當空白成為習慣，生活就會變得更有韻律，內心也會更篤定，讓你在快節奏的世界裡，找到自己的步調與平衡。

第八節 平衡不是一蹴可幾，是練習

拿破崙·希爾在《成功定律》中提醒我們：「持續的行動，才能累積真正的改變。」生活平衡也是如此，絕不是一次就能做到完美，而是日復一日、不斷調整與練習的過程。

平衡不是終點，而是一種持續的態度

很多人追求所謂的「完美平衡」：

- 以為工作與生活可以永遠各半；
- 以為只要找到「正確的做法」，就再也不會失衡。

但希爾告訴我們：

- 平衡不在於剛剛好，而在於適時調整；
- 不完美的平衡，仍然是最真實也最值得珍惜的狀態。

練習中找到屬於自己的節奏

拿破崙·希爾說：「成功的祕訣，在於每天多一點努力。」同樣，平衡的祕訣，在於每天多一點覺察與調整。

第八節　平衡不是一蹴可幾，是練習

- 當覺得被工作壓得透不過氣，就多留一些時間給自己；
- 當覺得生活太安逸，提醒自己再向夢想邁進一步；
- 當發現自己走偏了方向，願意調整，而不是批評自己。

日常練習：練習讓平衡更穩定

1. 每週花一點時間檢視自己的生活

問自己：現在的我，是否有被照顧好？需要做什麼小調整？

2. 別怕犯錯

有時候失衡是必然，重點是你是否願意再一次回到軌道上。

3. 看見小小的進步

即使平衡感還不穩定，也值得給自己一個微笑：「我正在學習。」

平衡，是一輩子的學習

拿破崙・希爾說得好：「生活的價值，不在於沒有偏差，而在於持續的調整與前進。」從今天起，提醒自己：別急著做到完美，而是學會在跌倒時重新站穩腳步。

第七章　建立生活的平衡

　　當你把平衡當作一輩子的練習,生活就不再是壓力堆疊,而是一段段深刻又豐富的旅程。這樣的平衡,會讓你走得更遠,也走得更踏實。

第九節　從日常找到幸福感

拿破崙・希爾在《成功定律》中說過:「真正的成功,是內心的平靜與滿足感。」我們常常把幸福感寄託在遙遠的夢想或重大成就上,卻忘了,其實幸福最常藏在日常的細節裡。

幸福,不是遙不可及的目標

許多人覺得幸福必須來自偉大的成功或財富,希爾提醒我們:

- 真正的幸福感,往往來自生活中的小確幸;
- 它不是突然出現的,而是被我們一點一滴培養出來的。

當你慢下腳步,看見那些微小卻真實的美好,內心自然會被幸福填滿。

日常中的幸福,如何被看見?

拿破崙・希爾說:「每天找一點讓心微笑的事,生活就更有光。」

- 一杯熱茶的香氣,是幸福;

第七章　建立生活的平衡

- ◆ 一段真誠的對話,是幸福;
- ◆ 一次靜靜的散步,是幸福。

當你能在平凡中找到這些小小的喜悅,心會更柔軟,也更有力量。

日常練習:培養發現幸福的眼光

1. 每天寫下三件讓你感到開心的小事

小小的紀錄,會提醒你:幸福一直都在,只是需要被看見。

2. 專注在當下

當你放下焦躁,專心感受眼前的人事物,會發現更多值得感恩的片刻。

3. 分享幸福

把你的幸福時刻分享給別人,會讓幸福的感覺更深、更長久。

幸福是一種練習,也是一種習慣

拿破崙・希爾說得好:「幸福不是等待,而是主動去創造與珍惜。」從今天起,提醒自己:別再把幸福寄託在未來的

第九節　從日常找到幸福感

某個大日子,而是從每天的平凡中,找到一點點值得微笑的理由。

　　當你練習這樣去生活,會發現:幸福不只是片刻的感受,而是每天都能擁抱的溫暖與滿足。

第七章　建立生活的平衡

第十節　生活平衡，才能長遠成功

拿破崙・希爾在《成功定律》中提醒我們:「沒有和諧與平衡的生活，成功也會變得脆弱。」許多人為了追求事業的高峰，投入全部的時間與心力，卻忘記了:真正能支撐長遠成功的，是一個平衡且穩固的生活基礎。

生活失衡，成功難以長久

在短期內，過度專注工作可能帶來一些成果，但希爾提醒我們:

- ◆ 當健康被忽略，成功也會因病痛而失去光彩;
- ◆ 當家庭關係失衡，工作再好，也無法填補內心的空洞;
- ◆ 當自己沒有時間休息，創意與熱情也會漸漸枯竭。

長久下來，生活的不平衡，會變成腳下的沙土，讓再高的塔都不穩定。

平衡，讓成功更有溫度與厚度

拿破崙・希爾說:「平衡讓我們的努力更有意義，也更能持續。」

第十節　生活平衡，才能長遠成功

- 當身心健康，面對挑戰也更有韌性；
- 當人際關係融洽，遇到困難也有溫暖支持；
- 當內心平靜，成功也更能帶來真實的滿足感。

這樣的成功，不是短暫的閃亮，而是長久的安穩與踏實。

日常練習：用平衡為成功打下基礎

1. 把「我」排進時間表

不只是工作與責任，記得給自己安排生活的時間。

2. 留意內心的聲音

問自己：我現在的狀態，是被推著跑，還是自己選擇的方向？

3. 持續微調

平衡不是靜止，而是持續的修正與調整。

平衡，讓成功走得更遠

拿破崙・希爾說得好：「平衡是一種智慧，也是一種力量。」從今天起，提醒自己：生活平衡，才是長遠成功的基礎。

第七章　建立生活的平衡

　　當你能在生活的多面向中找到協調與節奏,就會發現:成功不再只是數字與目標,而是一種內心的安定與喜悅。那樣的成功,才能真正陪伴你走過歲月,走向一個更完整、更美好的自己。

第八章
持續學習,打開新世界

第八章　持續學習，打開新世界

第一節　學習不是學生時期的事

拿破崙・希爾在《成功定律》中說過：「成長的動力，來自持續學習的態度，而非學歷或證書。」很多人以為，學習是學生時期的專利，出了校門就告一段落。然而，希爾提醒我們：真正的學習，從不被年齡或身分所限制，它應該是每個人一輩子的習慣與態度。

學習不是過去式，而是現在進行式

現代社會日新月異，新的知識、新的挑戰接踵而來。拿破崙・希爾提醒我們：

- 停止學習，就等於停止成長；
- 只有願意不斷學習，才能在變化中找到自己的定位；
- 學習不是應付考試，而是為了讓自己的人生更豐富、更有選擇。

生活本身，就是一所大學

希爾說：「世界就是最好的課堂，生活就是最好的教材。」即使已經畢業，生活還是給我們許多學習的機會：

- 工作中的挑戰，提醒我們不斷學習新的技能與思維；

- 與不同背景的人相處,是學會同理與包容的練習;
- 每一次失敗與成功,都是檢驗與反思的契機。

當我們願意把學習的心態帶進日常,就會發現:每一天都是新的起點。

日常練習:讓學習成為習慣

1. 別給學習設限

別把學習只當作職場的必要,而是當作生活的樂趣。

2. 每天多問自己一個問題

問問自己:「今天我學到了什麼?明天我想試試什麼?」

3. 別怕從頭開始

學習新事物時,保持謙遜與好奇,才會走得更遠。

學習,是一輩子的投資

拿破崙·希爾說得好:「持續學習,是面對未知最有力的工具。」從今天起,提醒自己:別讓學習停在學生時期。讓學習成為一種態度、一種習慣,也是一種享受。

因為當你把學習當成生活的一部分,世界就會變得更大、更精采,自己的力量,也會隨之不斷成長。

第八章　持續學習，打開新世界

第二節　每天多一點，改變看得見

拿破崙・希爾在《成功定律》中提醒我們：「任何偉大的成就，都是每天一點一滴的累積。」許多人誤以為學習必須是一場巨大的跨越或劇烈的改變，但事實上，最穩固的成長往往來自每天那一點點的努力。

小小的進步，才是最穩定的力量

我們都希望在短時間內看見明顯的成果，然而，希爾告訴我們：

- 每天多一點，雖然短期內看不出驚人的變化，卻能在長期中帶來徹底的改變；
- 小小的進步不會造成壓力，反而會讓學習變得更自然、更持久；
- 當你每天多學一點，就會發現世界的面貌也一點點變得不一樣。

持續行動,讓學習成為日常

拿破崙・希爾強調:「成功不在於一次爆發的努力,而在於日復一日的堅持。」

- 每天讀一頁書,知識會悄悄累積;
- 每天多問一個問題,視野就會慢慢打開;
- 每天試一次新做法,習慣就會不知不覺改變。

這些微小的動作,會讓學習不再只是「任務」,而是生活中的自然節奏。

日常練習:讓每天多一點成為習慣

1. 設一個小目標

不用大張旗鼓,只需要一個明確又簡單的方向。

2. 記錄與回顧

拿破崙・希爾說:「記錄下來的努力,會讓自己更有動力繼續前行。」

3. 學會欣賞自己的進步

別小看那一點點的差距,因為那正是改變的開始。

第八章　持續學習，打開新世界

每天多一點，讓未來不一樣

　　拿破崙·希爾說得好:「當你每天多學一點，終有一天，會走到夢想的彼岸。」從今天起，提醒自己:別再小看那一點點的累積。因為真正的改變，從來都不是一次的衝刺，而是無數次的小小行動，編織出的壯麗旅程。

第三節　用好奇心驅動學習

拿破崙・希爾在《成功定律》中說過:「熱情和好奇心,是學習與成長最強大的推手。」當我們帶著好奇心去看待世界,學習就不再是壓力,而是充滿驚喜與樂趣的冒險。

好奇心,是學習的起點

許多人因為把學習當作「任務」,久而久之失去了熱情。希爾提醒我們:

- 真正的學習,往往是從「我想知道」開始;
- 帶著問題與好奇去探索,學習才會成為一場有趣的旅程,而非負擔;
- 每一個小小的「為什麼」,都是打開知識世界的鑰匙。

好奇心讓學習更有深度與動力

拿破崙・希爾強調:「唯有真心想學,才會學得更好。」

- 當我們對一個領域感到好奇,就會更願意花時間去研究;
- 當我們想知道背後的原因,就會更仔細去體驗與觀察;
- 好奇心,能讓我們在看似平凡的事物中,發現無限可能。

第八章 持續學習，打開新世界

日常練習：喚醒並培養好奇心

1. 每天問自己一個問題

例如：「這件事還有沒有別的可能？」或「我還能再學點什麼？」

2. 換個角度看世界

嘗試從不同立場、不同領域去理解同一件事，會有意想不到的收穫。

3. 保持童心，對世界保持驚奇

別讓習慣和忙碌掩蓋了對新事物的熱情。

讓好奇心，點燃學習的火苗

拿破崙‧希爾說得好：「當你對生活充滿好奇，世界就會對你敞開更多的門。」從今天起，提醒自己：學習不是要「被迫接受」，而是「主動探索」。當你願意帶著好奇心走進世界，會發現學習其實無處不在，且永遠不會無聊。

第四節　學習是最好的投資

拿破崙・希爾在《成功定律》中提醒我們：「所有財富都可能失去，只有知識和能力永遠不會被奪走。」在這個瞬息萬變的時代，最值得投入的，正是對自己的學習與成長。因為學習，是一種長遠且穩定的投資。

為什麼學習是最好的投資？

很多人把時間與精力花在賺錢、應酬、或追逐短期的目標，卻忽略了：

◆ 學習能讓你擁有長久的競爭力；
◆ 學習能開啟更多機會的大門；
◆ 學習不會隨著環境的變化而貶值，反而能在變動中帶來更多安全感。

拿破崙・希爾說：「學習會讓你看見更廣闊的世界，也會讓世界看見更強大的你。」

第八章　持續學習，打開新世界

投資學習，就是投資未來的自己

當你願意把時間花在學習上，會發現：

- ◆ 你的眼界更開闊，能看見更多可能；
- ◆ 你的信心更堅實，因為你知道自己有更多選擇；
- ◆ 你的價值更被看見，因為能力是最強的名片。

學習，會在看似不起眼的日常中，慢慢累積，最後在關鍵時刻，成為你最堅實的後盾。

日常練習：讓學習成為生活的投資

1. 每天給自己一點學習的時間

讀一頁書、聽一段講座，累積就是財富。

2. 把學到的，主動運用出來

實踐是學習最好的驗證，也是讓知識變成能力的關鍵。

3. 對自己說：學習是為了更好的我

不是為了應付別人的標準，而是為了讓自己走得更遠、更踏實。

學習，讓你的未來無可限量

拿破崙・希爾說得好：「世界一直在變，唯有持續學習，才能在變化中立於不敗。」從今天起，提醒自己：不要吝嗇對學習的投資，因為那是你給自己最好的禮物。

當你學會把學習當作最重要的投資，你的人生就會變得更有彈性、更有可能，也更有光彩。

第八章　持續學習，打開新世界

第五節　網路資源，學無止境

拿破崙・希爾在《成功定律》中強調：「與其等待機會，不如主動去找尋。」在當代社會，網路讓我們獲得知識的門檻變得更低，學習再也不是只在學校發生的事，而是隨時隨地的生活態度。

網路，讓世界變成一所無牆的學校

網路改變了學習的樣貌，也讓知識的傳遞更自由。

- 任何時刻，只要有好奇，就能找到答案；
- 任何領域，只要有熱情，就能找到社群或課程；
- 任何地方，只要有網路，就能展開學習的冒險。

拿破崙・希爾說過：「機會永遠屬於那些願意主動行動的人。」網路，就是行動的最佳起點。

善用網路資源，拓展學習的無限可能

網路世界如同一片浩瀚的海洋：

- 想學新語言？有線上課程與國際交流社群。

◆ 想了解新科技？有無數的免費講座與論壇。
◆ 想找到靈感？有文章、影片與世界各地的故事分享。

當我們願意打開搜尋框，世界的知識就會向我們敞開。

日常練習：用網路開啟學習新習慣

1. 設定一個線上學習目標

每週花一點時間，學習一個自己想嘗試的主題。

2. 把零碎時間變成「學習時光」

通勤時聽一個 Podcast，休息時讀一篇文章，都是知識的累積。

3. 勇敢參與討論與分享

別只當被動的讀者，加入社群、發問、分享心得，會讓學習更深入。

學無止境，從行動開始

拿破崙・希爾說得好：「持續行動，才能打開更多的門。」從今天起，提醒自己：別再被「我沒時間」或「我不懂」限制。只要願意善用網路資源，世界就能變成你的教室，學習也會

第八章　持續學習，打開新世界

變得更有彈性與樂趣。

　　當你學會把網路當成學習的橋梁，你的人生將再也沒有止境，只有不斷成長的驚喜與可能。

第六節　學會整理與運用知識

拿破崙・希爾在《成功定律》中提醒我們：「學習的真正價值，不在於知道，而在於運用。」在資訊爆炸的時代，光是「知道很多」已經不夠，關鍵是能不能把學到的東西，轉化成生活與工作的實際助力。

知識不是堆積，而是養分

許多人花很多時間吸收資訊，卻沒有把它們串聯、整合。希爾提醒我們：

- 知識如果只是零散，會讓人感到混亂，甚至焦慮；
- 當你開始整理，把知識變成脈絡，才會真正理解它們的價值；
- 整理後的知識，才會變成你面對挑戰時，最可靠的工具。

運用知識，讓學習更有意義

拿破崙・希爾說：「行動是知識的考驗。」

- 當你願意用新的想法，嘗試解決問題，學到的東西才會被內化；

第八章　持續學習，打開新世界

- 當你把所學運用到真實情境，才會真正感受到學習的力量；
- 學習不只是收集，更是實驗與練習。

日常練習：把學習轉成行動

1. 每天整理一點筆記

把看過、聽過的東西，簡單寫下來，並加上自己的想法。

2. 試著用所學去做一件小事

不論是生活技巧或工作技能，從小地方開始實驗。

3. 和別人分享你的學習

當你能講給別人聽，代表你已經開始把知識變成自己的語言。

整理與運用，是學習的真正價值

拿破崙・希爾說得好：「知識只有在被應用時，才能創造價值。」從今天起，提醒自己：別再只是囤積資訊，而是學會整合它、運用它。

當你能把學到的東西，化成每天生活的一部分，學習才會成為你的力量，也會成為你走得更穩、更遠的基礎。

第七節　別怕問問題，才會成長

拿破崙・希爾在《成功定律》中說過：「成長的第一步，是勇敢承認自己還有未知。」在學習與工作中，許多人因為害怕顯得「無知」，不敢提出問題。希爾提醒我們：真正的聰明，並不是假裝懂，而是勇敢發問，從問題中找到新的答案。

問問題，讓學習更深入

在生活中，許多知識看似簡單，但真正深入了解，往往需要從問問題開始。

- 問問題，能釐清模糊的地方，避免以為自己「已經懂了」；
- 問問題，是和自己對話，確認自己真正想學的是什麼；
- 問問題，也是向別人學習，打開更多角度與可能。

拿破崙・希爾說：「問問題，是求知的起點，也是成長的關鍵。」

別怕問「簡單」或「基礎」的問題

很多人怕被別人笑話，不敢問出自己真正的疑問。希爾提醒我們：

第八章　持續學習，打開新世界

- ◆ 問基礎問題，不是愚蠢，而是誠實；
- ◆ 許多專家，都是從最簡單的問題開始，才有深厚的基礎；
- ◆ 真正可怕的，不是問問題，而是假裝什麼都懂，卻停滯不前。

日常練習：養成問問題的習慣

1. 每天給自己留一個「問問題」的時刻

不論是對同事、對書本、或對自己，都試著提出一個問題。

2. 寫下問題，釐清思緒

問題寫下來，會讓自己更有行動去找到答案。

3. 和別人分享你的問題與好奇

問題常常是開啟對話、結交朋友的起點。

問問題，讓你越學越有自信

拿破崙・希爾說得好：「永遠問問題的人，永遠在進步的路上。」從今天起，提醒自己：別再害怕提問，因為每個問題，都是通往新世界的門。

當你學會問問題，會發現：學習不再只是吸收，而是主動探索；生活不再只是重複，而是一次又一次的更新與成長。

第八節　讓學習融入生活

拿破崙‧希爾在《成功定律》中提醒我們：「學習不只是目標，更是生活的一部分。」很多人以為學習是一段「特別安排」的時間，但其實，最深刻的學習，往往就在日常的一點一滴裡。

學習不只是課本，而是生活態度

當我們把學習局限在課堂或職場訓練，會讓自己錯過生活中最自然的機會。希爾提醒我們：

◆ 每個挑戰，都是學習的起點；
◆ 每次對話，都是學習的養分；
◆ 每段經驗，都是知識與智慧的累積。

當我們願意用開放的心態去看世界，就會發現學習無處不在。

生活就是最好的教室

拿破崙‧希爾說：「生活中最寶貴的知識，往往來自觀察與體驗。」

第八章　持續學習，打開新世界

- ◆ 工作中的新挑戰，讓我們學會靈活與創意；
- ◆ 家庭中的關係經營，讓我們學會傾聽與體諒；
- ◆ 與陌生人的交流，讓我們看見不同世界的可能。

這些看似平凡的日子，卻是最深刻的學習場景。

日常練習：在生活中不斷學習

1. 每天留意生活的細節

試著用「學習的眼光」去看每件小事，都能有新的收穫。

2. 把經驗轉成反思

發生的每件事，不只是經歷，也是反思與優化的機會。

3. 用感恩的心態看待學習

當你感激能學習的機會，會更有熱情，也更有動力。

生活化的學習，讓生命更寬廣

拿破崙・希爾說得好：「學習，應該像呼吸一樣自然。」從今天起，提醒自己：不要把學習藏進教室裡，而是把它帶進每天的時光。

當你學會在生活中隨時保持學習的姿態，會發現：世界更寬廣，人生更有趣，也讓自己更有力量面對每一個明天。

第九節　學習也是分享的喜悅

拿破崙‧希爾在《成功定律》中說過：「知識的價值，在於能被分享與啟發。」很多人把學習當成私人的事，覺得學了就是自己的收穫。但希爾提醒我們：當你願意把學習的成果與別人分享，會發現學習變得更有溫度，也更有力量。

分享，讓學習更深刻

學習不只是吸收，更在於能不能轉化成能影響世界的智慧。

- 當你分享所學，不只是給別人答案，也在整理自己的思緒；
- 當你把所知說出來，也能檢視自己的理解與觀點；
- 分享的過程，會激發新的問題，讓學習不斷延伸。

拿破崙‧希爾說：「教別人，是學習的最高境界。」

分享，也是一種連結

當你願意把學習的點滴分享出去，會發現：

- 你的學習，能幫助別人打開新的世界；

第八章　持續學習，打開新世界

- 你的經驗，能引起共鳴，也換來新的啟發；
- 分享，讓知識不再是孤獨的累積，而是彼此成長的養分。

日常練習：把學習的喜悅傳遞出去

1. 和家人或朋友聊聊你的新發現
一段小小的對話，可能讓彼此都得到新的收穫。

2. 在社群平臺分享心得
無論是一段心得、一篇文章，都是一種知識的延伸。

3. 參加學習社群或讀書會
和一群同樣熱愛學習的人一起分享與討論，讓知識更有生命力。

分享，讓學習變得更美好

拿破崙·希爾說得好：「最有價值的知識，是能點亮別人世界的知識。」從今天起，提醒自己：別把學習藏在心裡，勇敢地分享，讓它成為讓自己與別人都更好的一道光。

當你學會分享，學習就不再只是個人的事，而是連結世界、滋養生命的禮物。

第十節　永遠保持學習的心態

拿破崙・希爾在《成功定律》中說過：「真正的智慧，是承認自己永遠有學習的空間。」無論你今天多麼成功、知識多麼豐富，只有保持謙虛與學習的心態，才能讓自己持續成長，面對未來的無限可能。

學習，是沒有終點的旅程

許多人在達到一個目標後，就停止了學習，覺得自己已經「足夠」。希爾提醒我們：

- 世界不斷改變，知識也不斷更新；
- 你願意學到什麼程度，就能活出什麼樣的廣度；
- 不管年齡多大、處境多忙碌，學習的心態都能讓你保持活力與彈性。

永遠學習，讓生活更有希望

拿破崙・希爾說：「學習是通往自信與自由的鑰匙。」

- 當你願意學習，就不怕未知，因為你知道可以靠自己去了解；

第八章　持續學習，打開新世界

- ◆ 當你保持學習，就不怕變化，因為你知道能找到新的路徑；
- ◆ 學習的心態，會讓生活變得更有層次與深度。

日常練習：保持學習的心態

1. 承認「我還不懂」

每當覺得「我已經知道夠多了」，提醒自己：還有更多值得探索。

2. 不怕走出舒適圈

勇敢去學習新領域，哪怕只是小小的接觸，也是一種打開新世界的態度。

3. 把學習當作生活的樂趣

不是負擔，而是一種和世界對話的方式。

學習的心態，是走向未來的力量

拿破崙・希爾說得好：「想要讓自己永遠有力量，就讓自己永遠在學習的路上。」從今天起，提醒自己：學習不只是為了達成目標，而是為了擁抱更大的世界，成就更完整的自己。

當你學會把學習變成心態，世界就再也不會變得狹窄，生命也會因此更寬廣、更有力量。

第九章
給生活一個目標感

第九章　給生活一個目標感

第一節　目標感讓生活有動力

拿破崙・希爾在《成功定律》中提醒我們：「一個人最大的力量，來自清楚知道自己想要什麼。」目標感，不只是口號，更是一股能讓生活充滿動力的引擎。當生活有了明確的目標，就會讓每一天的行動多了一份方向，也多了一份意義。

目標，讓人不再迷惘

許多人在生活中感到茫然，並不是因為缺乏能力，而是因為缺少了目標。希爾告訴我們：

- ◆ 目標能幫助你看清「為什麼要努力」；
- ◆ 目標能讓每天的挑戰，變成值得前進的動力；
- ◆ 目標能把生活的瑣碎串成一條有意義的軌跡。

當你清楚知道「我想去哪裡」，即使遇到困難，也會有堅持下去的力量。

目標感，讓平凡的日子有光

拿破崙・希爾說：「明確的目標，會在平凡的日子裡點燃不平凡的火花。」

第一節　目標感讓生活有動力

- 工作時，目標感會讓你更專注，更容易找到成就感；
- 生活中，目標感會讓日常瑣事也變得更有價值；
- 在逆境時，目標感會給你方向，讓你不會輕易放棄。

日常練習：培養目標感的小方法

1. 寫下你真正想要的東西

不必一開始就完美，先試著寫下最想努力的方向。

2. 每天提醒自己目標的重要性

在筆記本、手機或牆上，放上一句提醒自己的話。

3. 相信自己值得去追尋

當你認同自己的目標，也會更有力量去行動。

目標感，讓你成為自己最好的夥伴

拿破崙・希爾說得好：「沒有目標的人生，就像沒有舵的船，永遠在漂流。」從今天起，提醒自己：給生活一個清晰的目標，不是給自己壓力，而是給自己力量。

當你學會把目標當作生活的北極星，會發現每一步都更踏實、更有意義，也會一步步靠近那個最想成為的自己。

第九章　給生活一個目標感

第二節　小小目標，也能改變生活

　　拿破崙・希爾在《成功定律》中提醒我們：「任何宏大的成就，都是從最小的目標開始。」很多人一想到目標，就覺得必須是什麼遠大的夢想，卻忽略了：小小的目標，也能改變我們的生活，讓我們更有動力、更有自信地前進。

小目標，給生活小小的驚喜

　　小小的目標，就像生活裡的一道光，指引著我們不斷前進。

- ◆ 每天比昨天多一點點進步，就是一種小目標；
- ◆ 每週多學一項新知，就是一種小目標；
- ◆ 每天留一點時間照顧自己，也是小目標的一部分。

　　拿破崙・希爾提醒我們：不要小看這些小小的行動，它們會在日積月累中，讓生活慢慢亮起來。

小目標，帶來可見的成就感

　　許多人之所以容易失去目標感，是因為目標太遠大，讓人覺得遙不可及。小目標，卻能讓人馬上看見成果，帶來滿滿的信心。

第二節 小小目標，也能改變生活

- 當你達成一個小小目標，會發現：我做得到；
- 這種成就感，會像階梯一樣，慢慢推著你往上走；
- 一步一步，會在不知不覺間，讓大目標變得不再那麼遙遠。

日常練習：讓小目標成為習慣

1. 每天給自己一個小目標

不需要太大，讓自己每天都有「今天我做到了」的感覺。

2. 用筆記記下小小的成就

寫下來，會讓你更容易看見自己的進步。

3. 給自己一點獎勵

當你完成小目標，也別忘了好好肯定自己。

小目標，累積成大夢想

拿破崙‧希爾說得好：「小小的成功，是邁向偉大成就的階梯。」從今天起，提醒自己：別小看每一個小目標，它們是讓生活更有光彩、也更有力量的起點。

當你學會從小目標開始，生活就不再只是重複，而是一次次踏實的超越。那時候，你會發現：夢想不再遙不可及，而是每一個今天的累積。

第九章　給生活一個目標感

第三節　目標是前進的指南針

　　拿破崙・希爾在《成功定律》中說過：「目標就像是指南針，能讓人不再在生活裡迷失方向。」當我們面對變化多端的世界，常常感到焦慮或迷惘，目標感就是那盞燈，照亮前方的路，讓我們不會因外界的雜音而動搖。

目標給予我們明確的方向

　　希爾提醒我們：

- 沒有目標，就像航海時沒有方向的船，會在大海上隨波逐流；
- 目標會幫助你在面對選擇時，更能分辨什麼值得投入；
- 目標能把心中的渴望，轉成每天實際的行動與努力。

　　當你有了目標，即使遇到困難，也能更堅定地向前走。

目標讓挑戰變得更有意義

　　很多時候，我們會覺得壓力好大、挑戰好累，是因為沒有看見它背後的價值。目標，能幫助我們把挑戰看成一種必經的過程：

- 有了目標，挑戰就變成磨練；
- 有了目標，困難也會變成考驗自己的舞臺；
- 有了目標，生活裡的每件小事，都變得更有連貫性與意義。

日常練習：目標感的養成

1. 每天問自己：「我今天的方向是什麼？」

這個簡單的問題，會讓你更清楚每一天的意義。

2. 在遇到選擇時，用目標做判斷

面對抉擇，先想想：這能讓我更接近目標嗎？

3. 相信目標，給自己耐心

過程中一定會遇到阻礙，但有了目標，你會知道：值得。

目標，讓人生不再漂泊

拿破崙‧希爾說得好：「目標是人生的指南針，能指引你跨越風浪，走向夢想。」從今天起，提醒自己：別再讓生活只是被推著走，而是用目標，讓自己走得更穩、更遠。

當目標成為你心中的指南針，生活會變得更有方向，也更有力量。那樣的你，會在每一步裡，發現屬於自己的意義與光芒。

第九章　給生活一個目標感

第四節　怎樣設定目標更有意義

拿破崙·希爾在《成功定律》中說過：「一個明確、具體且能激勵人心的目標，是成功的起點。」很多人知道「要有目標」，卻常常因為目標太模糊或不貼近自己，最後難以堅持。希爾提醒我們：想要目標真正成為推動力，得先學會怎麼設定它。

目標必須具體，而非空泛

「我要更好」或「我要成功」聽起來很正面，但太模糊。希爾提醒我們：

- 具體的目標，能讓你知道每天該做什麼；
- 具體的目標，能讓進度更容易檢視；
- 具體的目標，也會讓人更有動力，因為能看見清楚的方向。

目標需要貼近內心，才能走得久

拿破崙·希爾強調：「真正的目標，應該能和你的熱情與價值相連結。」

- 不是為了討好別人，而是為了實現你真正想成為的自己；

第四節　怎樣設定目標更有意義

- 不是外界的壓力，而是內在的渴望；
- 當目標能讓你感覺到「這是我的夢想」，就會更有動力。

日常練習：設定更有意義的目標

1. 寫下「為什麼這個目標對我重要？」

透過這個問題，找到你心中的熱情與意義。

2. 把大目標拆解成小步驟

大目標太遠，會讓人失去信心。小步驟，能讓你每天都有行動。

3. 用一句話描述目標

讓它成為每天提醒自己的短語，幫助自己專注。

目標感，從內心開始

拿破崙・希爾說得好：「目標越貼近心，就越有力量。」從今天起，提醒自己：設定目標時，別只看外在，而是多問自己：我真正想要的是什麼？

當目標從內心出發，會成為你每天的推進器，讓生活更有方向，也更有深度。這樣的目標，才是值得一生去追尋的。

第九章　給生活一個目標感

第五節　目標需要持續檢視與調整

　　拿破崙‧希爾在《成功定律》中提醒我們：「目標並不是一次設定就永遠適用，而是需要根據現實不斷調整，才能保持活力與前進的力量。」這句話點出了一個重要的觀念：目標感的關鍵，不在於一成不變，而在於不斷校準與更新。

目標不是絕對，而是活的指南針

　　許多人以為，只要把目標定下來，就能一條路走到最後。希爾告訴我們：

- 人生與世界都在變，目標也應該與時俱進；
- 檢視目標，能讓你更清楚自己是不是還在原本想去的方向上；
- 當你願意調整目標，會發現每個過程都有新收穫。

檢視與調整，讓目標更貼近自己

　　拿破崙‧希爾說：「檢視目標，不是懷疑自己，而是確認前進的道路是否依舊真實。」

- 檢視目標時，問問自己：這還是我想要的嗎？

第五節　目標需要持續檢視與調整

- 當發現不合適，不必害怕調整。調整不是放棄，而是更貼近內心；
- 調整目標，也能避免過度執著，讓自己有更多彈性與可能。

日常練習：與目標對話

1. 每月或每季，留時間回顧目標

問自己：我現在走的方向，還和當初的目標一致嗎？

2. 寫下需要調整的地方

有時候，只是微調，卻能帶來更大的前進力。

3. 對自己說：調整目標，是一種進步

這樣的心態，能讓自己更自在，也更堅定。

彈性，讓目標更有力量

拿破崙・希爾說得好：「成功的人，從不害怕修正方向。」從今天起，提醒自己：別把目標當成固定的句點，而是當成可以隨時修改、讓生活更好的指南。

當你學會檢視與調整目標，會發現：生活不再只是達成一個目標的競賽，而是一段段更貼近內心的旅程。那樣的你，會在每一步都更有力量，也更有信心面對未知。

第九章　給生活一個目標感

第六節　讓目標成為每日的提醒

　　拿破崙・希爾在《成功定律》中提醒我們：「目標越常被看見，就越能讓行動更有力量。」許多人設定了目標，卻在忙碌的生活中漸漸遺忘。其實，目標應該不是遙遠的夢，而是每天都在提醒我們為什麼出發的動力。

目標感需要每天的滋養

　　希爾告訴我們：

- 目標不是放在心裡深處，而是要每天拿出來看；
- 每一次提醒，都是一次對自我承諾的加強；
- 當目標變成每天的指引，行動也會更明確、更堅定。

每日提醒，讓生活更有方向

　　拿破崙・希爾說：「目標感是讓每一天都充滿意義的燃料。」

- 每天早上看看目標，提醒自己今天的行動該怎麼走；

- 在遇到挑戰或懶散時,再次看見目標,會找回最初的熱情;
- 目標像是內心的一盞燈,照亮前方的道路。

日常練習:把目標寫進生活

1. 在手機或筆記本上,寫下一句提醒自己的話

讓目標成為每天都能看見的句子。

2. 每天問自己:今天做了什麼,離目標更近?

這個問題,會讓你更清楚自己的行動方向。

3. 學會把目標當作鼓勵,而不是壓力

告訴自己:我不是為了應付目標,而是為了實現夢想。

目標是每天的力量泉源

拿破崙・希爾說得好:「讓目標在日常中閃亮,才不會在困難時熄滅。」從今天起,提醒自己:目標不只是筆記裡的幾句話,而是每天的行動指南。

當你學會讓目標成為每日的提醒,會發現:生活不再只是被動的日子堆疊,而是一條條有方向、有力量的腳步。那樣的日子,會讓你更踏實,也更接近真正想要的自己。

第九章　給生活一個目標感

第七節　目標感與成就感的連結

拿破崙・希爾在《成功定律》中說過：「當目標感清晰，成就感也會隨之而來。」很多人常問：如何才能從每天的生活中，獲得持續的成就感？希爾提醒我們：關鍵在於，讓目標感與成就感緊緊相連。

目標感，讓行動有價值

當你有了目標，無論多小的行動，都會有明確的意義。

- 小小的進步，因為靠近目標而變得值得慶祝；
- 每一次努力，因為有目標的指引而不再覺得白費；
- 目標感，就像給生活每一個挑戰都賦予了意義。

拿破崙・希爾說：「有明確目標的人，會比迷惘的人更容易感受到滿足與自豪。」

成就感，來自看見自己的改變

很多時候，我們在意的不是目標有多宏大，而是「我有沒有變得更好？」

- 目標感，能讓你每天看見自己的成長；

- 成就感，會從「我真的在往前走」的感覺中湧現；
- 當你每天都在靠近目標，也就每天都在累積自信與力量。

日常練習：讓目標和成就感互相激勵

1. 記錄自己的小小成就

無論多小，都寫下來。它們是目標路上的每一個「我做到了」。

2. 定期回顧：我離目標更近了嗎？

這樣的回顧，會讓你看見自己的努力有價值。

3. 別只看差距，也看見進步

目標感不是壓力，而是讓你看見自己的力量。

目標感，讓成就感更真實

拿破崙‧希爾說得好：「當你有清晰的目標，世界也會為你讓路。」從今天起，提醒自己：讓目標感與成就感手牽手，一起走向屬於你的成功。

當你發現，每一個小小的進步都在靠近夢想，生活也會因此更有自信、更有希望。這樣的日子，就是最真實、最美好的成就感。

第九章　給生活一個目標感

第八節　不怕修正，只要堅持

拿破崙・希爾在《成功定律》中提醒我們：「目標不是一成不變，而是要在不斷的修正中，持續保持前進的方向。」許多人一旦發現目標不如想像，就會放棄，但希爾告訴我們：修正不是失敗，而是成長的一部分。

目標需要靈活，才能走得遠

我們常說「堅持很重要」，但堅持並不代表固執不變。希爾提醒我們：

- 當外在環境變了，目標也應該跟著調整；
- 當內心的想法變了，目標也該更貼近真正的自己；
- 修正，會讓目標更符合現實，也更適合你當下的狀態。

修正是學習的證明

拿破崙・希爾說：「願意修正，是因為願意面對真實的自己。」

- 每次修正，其實是一次自我檢視：我真的想要什麼？
- 修正的過程，會讓目標更明確、行動更有力；

◆ 最終，這樣的堅持，才會帶你走得更穩、更遠。

日常練習：面對修正與堅持

1. 不要害怕改變方向

修正不是放棄，而是找到更適合的路。

2. 保持一顆彈性的心

目標感不在於完美，而在於願意調整並前行。

3. 相信持續行動的力量

拿破崙・希爾說得好：「堅持的人，最終都會找到自己的光。」

修正，是堅持的另一種表現

從今天起，提醒自己：不要害怕調整，也不要因為一次改變，就質疑自己的努力。當你學會在修正中堅持，目標就不再只是壓力，而是讓你更貼近真實自己的動力。

這樣的你，會更懂得用目標感，去擁抱生活的每一個改變，走得更篤定，也更充滿希望。

第九章　給生活一個目標感

第九節　目標不是壓力，而是方向

拿破崙・希爾在《成功定律》中提醒我們：「目標不是給自己無盡壓力的清單，而是引領你走向成長與自由的路標。」很多人一想到目標，就會感到焦慮與負擔，但希爾告訴我們：目標真正的意義，從來不是讓你害怕，而是給你生活更清楚的方向。

目標不該變成壓力的來源

許多人把目標變成了自我批判的工具：

- ◆ 覺得自己離目標還很遠，就否定自己的努力；
- ◆ 覺得目標太高，就讓自己陷入壓力與焦躁；
- ◆ 最終，目標反而變成了每天的負擔。

拿破崙・希爾提醒我們：真正的目標，應該是幫助你找方向，而不是讓你感到窒息。

目標感，是讓生活更踏實的指引

當你把目標當作方向，而不是壓力，會發現：

- ◆ 目標能幫你在迷茫時看見前方的光；

第九節 目標不是壓力,而是方向

◆ 目標能讓你在遇到挑戰時,提醒自己:我為什麼而努力?
◆ 目標能讓你在平凡的日子裡,也找到行動的意義。

拿破崙・希爾說:「目標感,讓你不再只是生存,而是活得更有力量。」

日常練習:用輕鬆的心態看待目標

1. 把目標看成指路牌,而非考卷

它不是評價你的工具,而是幫你看見路徑的燈。

2. 允許自己有彈性

有時候,慢一點、休息一下,也是為了更穩健地前進。

3. 把目標當作對自己的承諾

它不是外在壓力,而是內心的呼喚。

目標,是你最真誠的方向

拿破崙・希爾說得好:「目標不應該是壓力的來源,而是夢想的開端。」從今天起,提醒自己:當你學會用輕鬆的態度看待目標,它就會變成你最堅強的後盾。

讓目標成為方向,而不是枷鎖。那樣的你,會走得更自在,也更靠近那個真實而充滿希望的自己。

第九章　給生活一個目標感

第十節　目標感，成就更大的自己

拿破崙・希爾在《成功定律》中說過：「當一個人有了明確的目標，世界都會為他讓路。」這句話點出了目標感的真正力量：它不只是讓生活有方向，更能讓我們成為更完整、更強大的自己。

目標感，讓你超越平凡

許多人生活在「日復一日」的循環裡，覺得自己似乎被困住了。希爾提醒我們：目標感，能把日常的瑣碎串成意義。它會讓你看見：我不只是為了生存，而是為了實現夢想。

目標感，會讓你從平凡中，看見自己的無限可能。

成就感，來自目標的陪伴

當生活中有了目標，會發現：

- ◆ 挑戰再多，也不會覺得毫無意義；
- ◆ 進步再小，也能感受到「我正在變得更好」；
- ◆ 目標感，會把成就感變成一種日常的習慣。

拿破崙·希爾說:「目標不只是達成的結果,更是成就感每天的種子。」

日常練習:讓目標感滋養你的人生

1. 每天花一點時間,想像目標的樣貌

在腦海裡,和自己對話:我想成為什麼樣的人?

2. 從目標中找到「今天的理由」

目標不只是遠方的燈塔,也能是今天多做一點的動力。

3. 相信自己配得上那個夢想

目標感最終會成為自信與勇氣的基礎。

目標感,是讓你發光的起點

拿破崙·希爾說得好:「目標感,會把你從現在的自己,帶到更大的自己。」從今天起,提醒自己:目標不是壓力,也不是負擔,而是幫助你看見更寬廣世界的窗戶。

當你願意用目標感走過每個平凡日子,會發現:你不再只是向外追尋,而是一步步成就內心那個更完整、更強大的自己。

第九章　給生活一個目標感

第十章
創造屬於自己的價值

第十章　創造屬於自己的價值

第一節　每個人都能活出不同的價值

拿破崙・希爾在《成功定律》中提醒我們：「成功不是複製別人的樣子，而是發掘屬於自己的價值。」這句話點出了人生最大的意義：找到並活出屬於自己獨一無二的價值。

價值，沒有標準答案

很多人總以為，只有符合別人期待的樣子，才是「有價值的人」。然而，希爾告訴我們：

- ◆ 每個人都有不同的優勢與特質，沒有誰比誰更有價值；
- ◆ 你不必成為別人的影子，而是該用自己的方式發光；
- ◆ 價值感來自內心，來自真實的自我認識與肯定。

每個人，都有屬於自己的舞臺

拿破崙・希爾說：「成功與幸福，從來不是少數人的專利，而是願意認識自己、活出自己的人，才會真正感受到的滿足。」

- 你的價值，不在別人眼裡，而在於你每天是否活得真誠與充實；
- 生活中的每一個角色，都是展現價值的機會：工作上的專業、家中的溫暖、朋友間的支持……
- 只要願意用心活出自己，生活的每一天都能有意義。

日常練習：認識並珍惜自己的價值

1. 寫下你最喜歡自己的一個特質

讓自己每天都記得：這就是我的力量。

2. 從小小的行動開始，發揮自己的優勢

無論是在工作中多一點用心，或是在生活中多一點溫柔，都能讓價值感越來越清晰。

3. 別再拿別人的標準衡量自己

告訴自己：我的價值，只要是真誠而踏實的，就是無可取代的。

你的價值，世界需要看見

拿破崙・希爾說得好：「當你認識自己的價值，世界也會開始尊重你的光芒。」從今天起，提醒自己：別再懷疑自己

第十章　創造屬於自己的價值

是否足夠好。因為每一個真心努力、用心生活的你，都已經是這世界上無可替代的存在。

當你願意勇敢活出自己的價值，也就會發現：原來，最幸福的人生，就是忠於自己、盡情綻放的日子。

第二節　找到屬於自己的強項

拿破崙・希爾在《成功定律》中說過：「真正的成功，來自認識自己的優勢，並勇敢運用它。」每個人都有自己與眾不同的強項，當我們看見它、肯定它，才能活出屬於自己的價值感與自信。

強項，是與生俱來的禮物

希爾提醒我們：

- 每個人都有屬於自己的強項，無論是在思考、溝通、關懷或執行上；
- 你的強項可能不符合社會普遍定義的「優秀」，但只要能幫助你與別人建立連結、完成任務，就是最珍貴的禮物；
- 認識並善用自己的強項，才能讓你的努力更有力量、更有成就感。

第十章　創造屬於自己的價值

為什麼要認識並善用強項？

當我們了解自己的強項，就能：

- 將生活與工作聚焦在自己最擅長、最有熱情的地方，讓行動更有意義；
- 減少與別人比較時的焦慮，因為你知道自己的價值是獨一無二的；
- 在困難與挑戰中，找到屬於自己的解決方式與信心。

拿破崙·希爾說：「強項，是通往自信與自由的橋梁。」

日常練習：探索並發揮自己的強項

1. 寫下三個讓自己感到驕傲的特質或能力

不論是細心、創意，還是傾聽，都是你的亮點。

2. 向身邊的人請教，了解自己在他們眼中的強項

別人的視角，能幫你看見被自己忽略的優勢。

3. 每天用一個小行動，運用並發揮你的強項

讓它不只是停留在紙上，而是融入到生活與工作中。

第二節　找到屬於自己的強項

強項,是你最穩定的力量

　　拿破崙‧希爾說得好:「別再花時間擔心自己沒有的,專注把有的發揮到最好。」從今天起,提醒自己:強項不是天生的限制,而是你最值得珍惜與發揮的禮物。

　　當你找到並善用屬於自己的強項,生活就會更有自信,也更有力量,因為那正是最真實、最有溫度的你。

第十章　創造屬於自己的價值

第三節　讓自己的優點被看見

拿破崙・希爾在《成功定律》中提醒我們：「別把自己的優點藏起來，因為世界需要你的光芒。」許多人明明擁有很棒的特質與能力，卻因為害怕別人的眼光而選擇隱藏。希爾告訴我們：當你勇敢展現自己的優點，世界也會開始回應你的努力。

讓優點被看見，是一種責任

你可能擔心：「我這樣會不會太愛現？」但希爾提醒我們：

- ◆ 展現優點，不是炫耀，而是讓自己有機會與別人產生真正的連結；
- ◆ 當你的優點能幫助別人，世界就會因為你的分享而更美好；
- ◆ 隱藏只會讓你的價值被埋沒，勇敢展現，才是真正對自己的尊重。

優點被看見，會讓你更有信心

拿破崙・希爾說：「信心不是憑空而來，而是從一次次讓世界看見自己的勇氣中累積。」

- 當你主動分享自己的專業或想法,會發現別人願意聽你說話;
- 當你的優點被看見,也會帶來新的機會與挑戰,讓你更有動力去超越自己;
- 展現自己,也是在告訴自己:「我值得,我可以。」

日常練習:讓優點閃耀生活的每一天

1. 在工作中,主動提出你的想法或解決方案

不怕被質疑,而是用行動證明你的能力與價值。

2. 在生活中,勇於分享你的熱情與興趣

不只是說給別人聽,更是為了提醒自己:我擁有獨特的能量。

3. 記錄下被肯定或鼓勵的時刻

當別人看見你的優點,也讓自己學會欣賞那個閃亮的自己。

優點,是讓世界更完整的拼圖

拿破崙·希爾說得好:「每個人都有屬於自己的光,世界需要你點亮那盞燈。」從今天起,提醒自己:別再害怕展現,

第十章　創造屬於自己的價值

因為那不是愛現,而是讓世界更美好的責任與勇氣。

當你學會讓優點被看見,生活就會因你的真誠與光芒而更加精采,你自己也會在這樣的過程中,越來越認同那個真實而珍貴的自己。

第四節　以行動展現價值

　　拿破崙・希爾在《成功定律》中說過：「行動，才是把想法和價值變成現實的關鍵。」很多人明明知道自己的價值與特質，卻總停留在想像或夢想階段。希爾提醒我們：真正的價值感，不是放在心裡，而是要從日常行動中活出來。

行動，讓價值不只是想法

　　希爾告訴我們：

- 只有透過行動，別人才會看見你的真實與熱情；
- 行動是一種力量，會在實踐中，讓你的能力與自信持續成長；
- 行動，也是一種自我肯定：因為你願意站出來，證明自己有能力改變生活。

為什麼行動比想法更重要？

　　再棒的想法，如果沒有行動，只會是空想；再多的自我肯定，如果沒有行動，也無法被世界看見。

　　行動能讓你的價值被實際驗證，也能給你不斷優化的機

第十章　創造屬於自己的價值

會；行動的過程，就是學習與成長的最佳時機。

拿破崙・希爾說：「行動是把夢想和現實接起來的橋梁。」

日常練習：讓行動成為展現價值的方式

1. 每天設定一個能讓自己發光的小任務

不必大步向前，只要每天都有小小的實踐，就已經在展現價值。

2. 把說出來的話，變成實際的行動

讓「我想做到」變成「我去做到」。

3. 用行動證明自己的承諾

行動，不只是給別人看的，更是對自己最真誠的承諾。

行動，是價值的舞臺

拿破崙・希爾說得好：「只有行動，才能讓價值發光發熱。」從今天起，提醒自己：別再只是想，別再只是說，學會用行動去活出自己的價值。

當你學會用行動說話，世界會開始相信你，而你也會在這樣的過程中，看見一個更堅定、更有力量的自己。

第五節　別急著比較，專注自己

　　拿破崙‧希爾在《成功定律》中說過：「人生最大的力量，來自專注在自己的價值，而不是活在別人的影子裡。」在這個資訊爆炸的時代，社群媒體常常讓我們不自覺把自己和別人比較。希爾提醒我們：真正的成長與幸福，來自於專注自己，而不是總是抬頭看別人。

比較，容易讓人迷失方向

　　當我們總看見別人有的，而忽略自己已經擁有的，就會失去對生活的滿足感。

　　當我們用別人的標準來衡量自己，容易否定自己的努力與價值。

　　這樣的比較，只會讓自己越來越焦慮，卻找不到真正屬於自己的路。

專注自己，才能看見內心真正的價值

　　拿破崙‧希爾提醒我們：

- ◆ 別把時間花在追逐別人的腳步，而是把注意力放在：我想成為怎樣的人？

- 每個人的步伐與故事都不同,找到自己獨特的節奏,才是最踏實的成長。
- 當你專注自己,就不怕世界的聲音,因為你知道什麼才是最適合自己的方向。

日常練習:把焦點拉回自己

1. 每天寫下自己感謝的三件小事

把目光從「外面世界」轉回到自己的生活裡。

2. 每週和自己對話:我最近成長了什麼?

給自己一個肯定,也提醒自己:我在進步。

3. 學會欣賞別人,也欣賞自己

別人的成就可以是靈感,但永遠不要變成壓力。

專注自己,讓價值自然發光

拿破崙‧希爾說得好:「每個人都有自己獨特的價值,別讓比較奪走了它。」從今天起,提醒自己:把焦點從外在拉回內心,專注活出自己真正想成為的樣子。

第五節　別急著比較，專注自己

當你學會專注自己，會發現：世界不再只是競賽場，而是讓你一步步實現自我、活出獨特價值的舞臺。那樣的生活，才是最真實、最踏實的幸福。

第十章　創造屬於自己的價值

第六節
價值不是別人給的，是自己活出來的

拿破崙‧希爾在《成功定律》中說過：「一個人的價值，從不是外在標籤，而是來自於他每天如何活出真實的自己。」許多人總是渴望別人的認可，覺得只有別人點頭，自己才算「有價值」。但希爾提醒我們：真正的價值，不是等別人肯定，而是自己先認同、先活出來。

別再讓別人的評價，左右你的價值感

在生活中，很多人容易因為外界的眼光而迷失：

◆ 別人的一句話，讓你開始懷疑自己的努力；
◆ 社會的標準，讓你忽略內心真正的渴望；
◆ 這樣的日子，久了會讓你忘記：我真正想成為什麼樣的人？

拿破崙‧希爾提醒我們：「最真實的價值，是當你不再活在別人的期待裡。」

你的價值，來自自己每天的選擇

真正的價值感，是一種內在的態度與堅持：

- ◆ 每一次真誠面對生活，都是價值的展現；
- ◆ 每一次為理想付出的努力，都是對自己價值的肯定；
- ◆ 你的價值，會在一次次「我做到了」中，變得越來越踏實。

日常練習：學會自己肯定自己的價值

1. 每天對自己說：我很值得

讓自己先肯定自己，而不是總等別人的掌聲。

2. 把價值感放進日常的行動裡

無論工作還是生活，帶著認真的態度與真誠的心。

3. 定期問自己：這是我想要的生活嗎？

讓每個選擇都更貼近自己的信念，而不是別人的期待。

你的價值，從自己開始

拿破崙・希爾說得好：「別再問別人我有沒有價值，先問自己：我是否願意活出它？」從今天起，提醒自己：你的

第十章　創造屬於自己的價值

價值，不是別人給的答案，而是自己每天選擇、每天行動的證明。

當你學會為自己的價值負責，會發現生活不只是被動接受，而是一次次主動創造。這樣的生活，才是最真誠、最有力量的日子。

第七節　讓價值成為人生的燈塔

拿破崙・希爾在《成功定律》中提醒我們：「價值感，是在迷惘時的燈塔，讓你不會在變化中失去自己。」在忙碌的生活中，時常會遇到迷茫、遇到困難。這時候，價值感就像一道光，照亮前行的方向，幫助我們不被外界的喧囂帶偏。

價值感，給人生最真實的意義

你可能在工作中迷失，但當你記得「我想貢獻什麼？」就會找回初心。

生活中的壓力，讓人不安；但當你記得「我的價值是什麼？」就會更有底氣。

拿破崙・希爾提醒我們：當價值成為行動的指南，無論風雨，都能找到前進的力量。

讓價值成為內在的導航

價值感不只是理想，它是每天的選擇：

- ◆ 遇到抉擇時，問自己：這件事符合我真正的價值嗎？
- ◆ 面對挫折時，提醒自己：我的價值不會因一次失敗而動搖；

第十章　創造屬於自己的價值

◆ 在日常中，時時把價值感放在心上，讓它成為行動的依據。

拿破崙・希爾說：「真正的價值，是當你能在黑暗中，仍相信自己的光。」

日常練習：培養價值感的力量

1. 每天給自己一句話：我為什麼而努力？

讓這句話成為心裡的光，提醒自己走的每一步。

2. 把價值感寫進行動

不只是想，而是讓每個小小選擇，都符合心中的信念。

3. 學會感激自己的價值

每天提醒自己：我的存在有意義，也有能力帶來改變。

價值感，是最穩定的指南針

拿破崙・希爾說得好：「人生最重要的事，不是外在的掌聲，而是你能否每天跟著內心的價值前行。」從今天起，提醒自己：讓價值感成為你的燈塔，無論世界多喧嘩，都有屬於自己的光指引方向。

當你練習在每一天都看見自己的價值，生活就不只是過日子，而是一次次活出更完整、更有力量的自己。

第八節　在生活裡實踐你的價值觀

拿破崙・希爾在《成功定律》中說過：「只有把價值觀落實到日常生活中，它才會變成真正的力量。」許多人知道自己重視什麼、相信什麼，卻在生活中沒有真正實踐。希爾提醒我們：價值觀不是只在腦海裡存在，而是應該成為每一天的行動指南。

真正的價值觀，是從日常中展現

- 你說「誠實很重要」，那就要在小小的承諾上做到誠實；
- 你說「善良最可貴」，那就要在面對別人時，帶著一顆同理心；
- 你說「自律能帶來成就」，那就要每天多練習一點自我管理。

拿破崙・希爾說：「價值觀不該只是口號，而是能讓你每天都更接近夢想的行動力。」

生活，就是價值觀的最佳舞臺

- 工作中，讓價值觀成為你與別人合作的基礎；
- 家庭裡，讓價值觀成為彼此信任與支持的橋梁；

第十章　創造屬於自己的價值

- 面對挑戰時，讓價值觀成為心中的依據，而不是外在的雜音。

當價值觀真的走進生活，生活也會因它而更有溫度、更有方向。

日常練習：把價值觀變成生活習慣

1. 每天選一件小事，刻意用你的價值觀去做

不一定要改變全世界，但從自己出發。

2. 寫下「今天，我怎麼讓我的價值觀活在行動裡？」

讓文字提醒自己，生活不只是過日子，而是活出信念。

3. 定期問自己：我的行動，是否忠於自己的價值？

這樣的檢視，會讓生活更踏實、內心更安定。

價值觀，是最真實的力量

拿破崙・希爾說得好：「讓價值觀落實在生活裡，會讓你成為世界上最獨特、最有力量的自己。」從今天起，提醒自己：不要只說，而是每天都去做。

當你的生活，開始和心裡的價值觀合而為一，你會發現：世界不只是外在的聲音，而是內在最真誠、最美好的光芒。

第九節
每天都能更靠近想成為的人

拿破崙・希爾在《成功定律》中說過：「偉大的成就，來自於每一天的努力與前行。」許多人總覺得理想的自己遙不可及，但希爾提醒我們：當你願意每天多一點努力，就會發現，夢想並不遠，它正藏在日常的行動裡。

成長，是每天一點點的累積

你不必一下子變成理想的模樣，但每天願意靠近一點，就是改變的開始。

當你在工作中更專注，或在生活中更真誠，這些看似微小的行動，都在讓你更接近「想成為的人」。

希爾說：「別急著一步到位，先學會每天跨出一小步。」

每天一點點，創造不一樣的自己

拿破崙・希爾提醒我們：

◆ 每天多一點學習，會讓思考更清晰；
◆ 每天多一點行動，會讓自信更堅定；

第十章　創造屬於自己的價值

◆ 每天多一點感恩與付出，會讓世界因你的存在更美好。

當你學會從每天的小小進步中找到價值，就會發現：不必等到未來，理想的自己已經在日常裡慢慢成形。

日常練習：每天向理想的自己靠近

1. 每天寫下「今天我做了什麼，讓自己更靠近目標？」

這樣的自我提問，會讓你更有方向。

2. 給自己每天一個小挑戰

無論是勇敢說出想法、嘗試新事物，或多一點耐心對待別人。

3. 學會肯定自己的每一點努力

別再覺得小事沒價值，因為每一步都值得被看見。

一點一滴，成就更大的自己

拿破崙・希爾說得好：「夢想不只存在遠方，而是從今天起一點一點築起。」從今天起，提醒自己：不要只在心裡想像「理想的自己」，而是每天去實踐、去靠近。

當你學會在每天的生活裡，種下通往夢想的種子，會發現：想成為的人，其實一直都在你努力的每一步裡。

第十節　創造屬於自己的光芒

　　拿破崙‧希爾在《成功定律》中提醒我們：「你不必成為別人眼中的光芒，而是要創造屬於自己的光芒。」每個人都有獨特的特質與故事，當你學會認識自己、相信自己，也就能在這個世界上，發出屬於自己的亮光。

光芒，來自於內在的真誠

　　不是別人定義的成功，而是你內心真正的渴望；

　　不是表面的掌聲，而是你對自己的認同與肯定。

　　光芒從來不是炫耀，而是活出內心價值的溫度。

　　拿破崙‧希爾說：「當一個人真誠活出自己，世界就會看見他的光。」

讓生活，成為你的舞臺

- 工作，是展現專業與堅持的光芒；
- 家庭，是展現關愛與溫暖的光芒；
- 面對挑戰與未知，是展現勇氣與信念的光芒。

　　每個日常的片刻，都是讓你展現光芒的機會。

第十章　創造屬於自己的價值

日常練習：活出自己的光

1. 每天提醒自己：我有值得被看見的地方

別再小看自己，因為你的價值，就是最真實的光。

2. 在行動中，不斷練習真誠與熱情

當你帶著熱情去做每件事，光芒就會從行動中自然散發。

3. 相信：世界需要不同的光芒

不用和別人比較，因為世界需要的是多樣而真誠的光。

讓自己的光芒，照亮人生的路

拿破崙·希爾說得好：「世界因不同的光芒而美麗，你的光芒，也是其中的一部分。」從今天起，提醒自己：別再壓抑內心的渴望與熱情，讓自己的光，在每一天的行動與選擇中被看見。

當你學會創造屬於自己的光芒，不只是照亮自己的人生，也會給世界帶來溫暖與希望。那樣的你，就是最真實、最有力量的自己。

第十節　創造屬於自己的光芒

國家圖書館出版品預行編目資料

每天一點成功感，拿破崙・希爾的正向思維練習：從心態轉換、行動落實到習慣優化，打造穩健且持續前進的自我 / 許喬安 編譯. -- 第一版. -- 臺北市：財經錢線文化事業有限公司，2025.07
面；　公分
POD 版
ISBN 978-626-408-320-1(平裝)
1.CST: 成功法
177.2　　　　　　　114009440

每天一點成功感，拿破崙・希爾的正向思維練習：從心態轉換、行動落實到習慣優化，打造穩健且持續前進的自我

編　　譯：許喬安
發 行 人：黃振庭
出 版 者：財經錢線文化事業有限公司
發 行 者：崧燁文化事業有限公司
E - m a i l：sonbookservice@gmail.com
粉 絲 頁：https://www.facebook.com/sonbookss/
網　　址：https://sonbook.net/
地　　址：台北市中正區重慶南路一段 61 號 8 樓
8F., No.61, Sec. 1, Chongqing S. Rd., Zhongzheng Dist., Taipei City 100, Taiwan
電　　話：(02) 2370-3310　　傳　　真：(02) 2388-1990
印　　刷：京峯數位服務有限公司
律師顧問：廣華律師事務所 張珮琦律師

-版權聲明
本書作者使用 AI 協作，若有其他相關權利及授權需求請與本公司聯繫。
未經書面許可，不可複製、發行。

定　　價：420 元
發行日期：2025 年 07 月第一版
◎本書以 POD 印製